BARBARA DAHL

WER SCHNELLER KOCHT, HAT LÄNGER ZEIT

EMF
EIN BUCH DER
EDITION MICHAEL FISCHER

INHALTSVERZEICHNIS

Herbst 77

Winter 109

VORWORT

Kurz und gut

Kochen ist für mich die schönste Form von Entspannung, leckeres Essen die einfachste Methode, andere Menschen und auch sich selbst glücklich zu machen. Nach einem anstrengenden Arbeitstag freut man sich zwar auf ein gutes Abendessen, aber nicht jeder hat Lust und Laune, wie ich es habe, für die Zubereitung viel Zeit aufzubringen. Immer wieder wurde ich daher im Freundeskreis um schnelle und gute Rezepte gebeten. So kam ich zunächst auf die Idee, meine Lieblingsrezepte zu sammeln, um dann – wenn schon, denn schon – ein Kochbuch zu schreiben. Nach dem Motto „kurz und gut":

» Rezepte unter 30 Minuten, die abwechslungsreich und schmackhaft sind.
» Rezepte, deren Zutaten im Supermarkt gut erhältlich sind und dir viele Einkaufsgänge ersparen.
» Rezepte, die dich durch das ganze Jahr begleiten. Vom Frühling bis zum Winter – mit dem jeweiligen saisonalen Obst und Gemüse.

Verfügst du über eine gut sortierte „Speisekammer", bist du für spontane Kochabende gewappnet und gerätst auch nach Ladenschluss nicht in Panik. Der Wein-Guide und die Weinempfehlungen entstanden mit Unterstützung meines Bruders. Er befasst sich leidenschaftlich mit dem Thema und bietet zu jeder Speise die passende Weinbegleitung. Hilfreich sollen auch meine Tipps und Tricks sein. Sie ersparen Zeit und machen das Kochen unterhaltsam, leicht und locker. Beim Verfassen des Buchs konnte ich nicht nur meine Leidenschaft fürs Kochen ausleben, sondern auch das Fotografieren neu entdecken. Unser Essen soll ja nicht nur gut schmecken, sondern auch schön anzusehen sein. Ich ergänze also unser Motto „kurz und gut" um „kurz, gut und schön". In diesem Sinne wünsche ich euch viel Spaß beim Ausprobieren und Genießen!

Eure

Barbara

GRUNDLAGEN

MEINE SPEISEKAMMER

Mit einer gut organisierten Speisekammer und sortierten Vorräten lässt sich auch auf die Schnelle etwas Leckeres in der Küche zubereiten, wenn du mal keine Zeit zum Einkaufen hast. Ich möchte dir meine Empfehlung für die Grundausstattung an die Hand geben.

Wenn du deine Speisekammer einrichtest, denk daran, dass diese schnell ein bevorzugter Wallfahrtsort für Ungeziefer werden kann. Sorge für ausreichend viele verschließbare Behältnisse, um Schüttware geschützt aufbewahren zu können. Ich sammle Glasbehälter aller Art – Einmachgläser oder auch Gläser mit Schraubdeckel. Sieht schön aus, du siehst was darin ist, und die Tierchen haben keine Chance!

Was gehört in eine Speisekammer?

Reis, Getreide & Hülsenfrüchte
Basmatireis, Milchreis, Couscous, Haferflocken, Polenta (Maisgrieß), Rote Linsen

Nudeln
Spaghetti, Linguine, Glasnudeln, Muschelnudeln, Gnocchi, Penne, Orzo (Reisnudeln)

Konserven
Dosentomaten, eingelegter Ingwer, Gewürzgurken, Kapern, Kichererbsen, Oliven, Kokosmilch, weiße Bohnen

Getrocknete Kräuter / Gewürze
Chilipulver, Currypulver, Koriander, Kreuzkümmel, Kurkuma, Muskatnuss, Nelken, Oregano, edelsüßes und rosenscharfes Paprikapulver, Salz, schwarzer Pfeffer, Rosmarin, Thymian, Zimt

Nüsse & Kerne
Cashewkerne, Erdnusskerne, Haselnusskerne, Kürbiskerne, Mandeln, Pistazienkerne, Pinienkerne, Sesam, Walnusskerne

Milchprodukte
Butter, Milch, Sahne, Parmesan (Hartkäse), Joghurt

Obst & Gemüse
Äpfel, Ingwer, Zitronen, Kartoffeln, Knoblauch, Kirschtomaten, Möhren, Zwiebeln

TK-Ware
Erbsen, Spinat, Kräuter, Beeren

Öl
Olivenöl, Sonnenblumenöl, Sesamöl

Essig & Saucen
Aceto balsamico, Weißweinessig, Sojasauce, mittelscharfer Senf, Sahnemeerrettich

Verschiedenes
Hühner- und Gemüsebrühe, Tomatenmark, Honig, Konfitüre, Zitronen-Salz-Paste, Paniermehl

Zum Backen
Eier, Mehl, Trockenhefe, Backpulver, Vanillezucker, Zucker, Backkakao, Speisestärke

10 FAUSTREGELN
WEIN & ESSEN

Was beliebt, ist auch erlaubt
Alles ist Geschmackssache. Jeder, der gerne Wein zum Essen trinkt, entwickelt bestimmte Vorlieben für Kombinationen. Ich zum Beispiel trinke gern feinherbe Rieslinge und versuche, diese auch so oft wie möglich zu kombinieren. Ob das dann richtig oder falsch ist, ist vielleicht gar nicht so wichtig. Es soll DIR schmecken.

Komplizierte Partner
Hier die Komplizierten unter den Lebensmitteln, die sich nicht so gut mit Wein vertragen und mit Vorsicht zu kombinieren sind:

Artischocken: Bitte nicht mit Rotwein genießen, da Artischocken einen hohen Gehalt an Bitterstoffen haben. Die Tannine im Wein verstärken diese Bitterkeit. Kräftige, alkoholreiche und säurearme Weißweine machen hier die Kombi.

Tomaten: Das scheinbar unkomplizierte Gemüse ist kein Verbündeter des Weins. Der hohe Säuregehalt bringt leichte Weine ins Schleudern. Gerichte mit reichlich Tomate verlangen nach einem rustikalen Rotwein. Passende Weine sind Chianti oder Primitivo.

Spinat: Gekochter Spinat ist einfacher mit Wein zu kombinieren als roher. Am besten passen hier säurearme Weißweine wie Chardonnay oder Silvaner.

Räucherfisch, Sardellen oder Matjes: Bitte nicht mit Wein kombinieren.

Die Zubereitungsart ist wichtiger als die Zutat!
Nicht das Produkt, sondern die Methode der Zubereitung gibt die Weinauswahl vor. Wenn bei der Zubereitung eine Bratenkruste entsteht, verlangt das in der Regel nach einem Rotwein, der seine eigenen Röstnoten aus dem Toasting der Holzfässer bezieht, in denen er gelagert wurde. Die Bratenkruste entsteht unabhängig vom Produkt beim Braten, Backen, Grillen, Schmoren und Rösten. Die meist rauchigen Aromen passen besonders zu Rotweinen. Beim Kochen, Marinieren, Dünsten und Pochieren bildet sich diese Kruste nicht, was die Aromen leichter und auch passender zu Weißwein macht.

Die Sauce gibt den Ton an
Wenn eine Speise sehr viele Zutaten beinhaltet, gibt die dominanteste unter ihnen bei der Weinauswahl den Ton an. In den meisten Fällen ist das die Sauce.

Der Schärfegrad
Bei scharfen Gerichten sollte man auf säure- und tanninbetonte Weine verzichten, da diese den „Schmerz" der Schärfe verstärken. Hier empfiehlt sich ein in Barrique ausgebauter Weißwein.

Fettanteil
Fett ist einer der wichtigsten Geschmacksträger und somit ein unverzichtbarer Bestandteil jeder Mahlzeit. Je höher der Fettgehalt, desto höher sollte der Alkoholgehalt im Wein sein.

Tannine
Sie kommen aus den Häuten, Kernen und Stielen der Trauben und finden sich meist in Rotweinen wieder. Der Geschmack geht von hart zu seidenweich. Sie hinterlassen ein raues Gefühl auf der Zunge. Isst man zu Rotwein ein Stück Fleisch, verschwindet dieser unangenehme Effekt sofort. Das Tannin spaltet die Fleischproteine, bevor sie im Mund reagieren können. Dieser Effekt fördert den Geschmack von Wein und Speise.

Weinregionen den Speisen anpassen
Die Weine einer Landschaft passen oft zu den traditionellen Speisen der Region. Zwar ist das keine Regel, jedoch haben sich diese Kombinationen schon oft bewährt.

Wein zur Nachspeise
Grundsätzlich muss der Wein immer süßer sein als die Nachspeise, die er begleiten soll, weswegen trockene Weine meist nicht in Frage kommen. Ein Dessert besteht häufig aus vielen weinfeindlichen Komponenten (Milchprodukte, Obst, Kakao und Zucker). Deswegen sollte man fruchtige, gehaltvolle Süßweine wählen.

Wein passt nicht zu allen Speisen
Manchmal sollte man auf ihn verzichten, auch wenn es schwerfällt. Generell wird es kompliziert, wenn das Gericht einen zu hohen Salz- oder Säuregehalt hat. Dann greift man besser zu einem Bier. Auch Rettich, Radieschen, Wasabi und rohes Obst sollten in der Speise nicht zu dominant sein. Essig darf auch gerne durch Zitronen- oder Orangensaft ersetzt werden.

TIPPS & TRICKS

Gut organisierte Vorratskammer
Lege dir eine gute Grundausstattung an, so musst du nicht wegen jeder Zutat einkaufen gehen und bist auch spontaner, wenn mal etwas schief geht, oder du unerwartet Besuch bekommst.

Wer liest, ist klar im Vorteil
Wenn du nach Rezept kochst, ist es wichtig, dass du es vorher komplett durchliest, um dir den Kochvorgang gut zu organisieren. Das spart Zeit und vermeidet ärgerliche Fehler. Du solltest alle Zutaten und die Abläufe kennen, bevor es losgeht. Wenn du das Rezept gut kennst, kannst du teilweise parallel Dinge zubereiten und vergisst auch keine wichtigen Schritte und Angaben.

Mise en Place
... ist die Vorbereitung deines Arbeitsplatzes und Bereitstellung der benötigten Zutaten und Arbeitsutensilien – eine wesentliche Voraussetzung für ein produktives Kochen. So hast du alle Zutaten und Arbeitsutensilien gleich zur Hand und verschwendest keine Zeit.

Küchenhelfer
Scharfe Messer, Waage, Knoblauchpresse, Messbecher, Pürierstab und ein Blitzhacker sind meine besten Freunde in der Küche.

Ein gutes und scharfes Messer ist „alles"
In der Küche ist kein Utensil wichtiger. Es erleichtert die Arbeit, macht das Kochen effizienter und bringt viel mehr Freude. Außerdem ist ein scharfes Messer sicherer und die Verletzungsgefahr nicht so groß. **Du kannst mir glauben:** Ein stumpfes Messer ist gefährlich! Die unnötige Kraft, die du aufwendest, um mit einem stumpfen Messer zu schneiden, erhöht die Gefahr, dass du abrutschst und dich verletzt.

Kein Käsemesser zur Hand?
Nimm Zahnseide, damit kannst du auch bröseligen Käse wie Ziegenkäse ordentlich schneiden. Auch für andere weiche Produkte oder Teige eignet sich dieses Hilfsmittel.

Zitronen
Zitronen werden zum Schutz gegen Austrocknen und Insekten mit Wachs behandelt. Darum sollten sie stets heiß abgewaschen werden, bevor man die Schale verwendet. Für mehr Saft: Eingefrorene und wieder aufgetaute Früchte ergeben mehr als frische.

Zitronen-Salz-Paste
Zitronen-Salz-Paste passt sehr gut in Dips, Kräuterquark, Salatdressings, Suppen und Saucen. Ich würze auch gerne Fischgerichte damit. 1–2 TL verfeinern auch Gulasch und andere Schmorgerichte. Soll die Zitronenpaste in eine Flüssigkeit eingerührt werden, dann rühre sie vorher mit etwas Wasser an, damit sich die Paste besser verteilt und keine Klümpchen bildet. Durch das Salz ist diese Würzpaste im Kühlschrank mehrere Monate haltbar.

Verliebter Koch?
Zuviel Salz ins Essen gegeben? Einfach eine rohe, geschälte Kartoffel mitkochen und das Essen ist wieder genießbar.

Eier kochen
Damit die Eier beim Kochen nicht platzen, kannst du sie vorher kurz unter warmes Wasser halten. Etwas Salz im Kochwasser verhindert das Auslaufen.

Überkochendes Wasser
Das kannst du ganz einfach verhindern, indem du einen Holzlöffel quer über den Topf legst.

Fleisch zart bekommen
Neben der Wahl der richtigen Fleischsorte und Tierhaltung spielt die Temperatur eine wichtige Rolle. Vor dem Garen sollte das Fleisch Raumtemperatur annehmen, um keinen Temperaturschock zu bekommen. Nach der Zubereitung das Fleisch in Alufolie wickeln und noch einmal 10 Minuten ruhen lassen. So verteilt sich der Fleischsaft und macht das Fleisch schön zart.

Granatapfel entkernen
Viertle den Granatapfel mit dem Messer in einer großen Schüssel mit Wasser. Darin kann man jetzt einfach die Schale von den Kernen lösen. Da die Kerne schwerer sind, sinken sie auf den Boden, wo hingegen die weißen Häutchen und Schalenreste an die Wasseroberfläche steigen und so einfach abgesiebt werden können.

Ingwer schälen
Mit seiner eigentümlichen Form macht es uns der Ingwer nicht leicht, ihn zu schälen. Einfacher und sparsamer ist es, die Schale einfach mit einem Teelöffel abzuschaben.

Spargel frisch halten
Um den Spargel möglichst lange frisch zu halten, kannst du ihn in ein feuchtes Küchentuch wickeln und so im Kühlschrank aufbewahren.

Fleischbällchen formen
Wenn du alle Fleischbällchen regelmäßig geformt haben möchtest und dir zudem die Finger nicht schmutzig machen willst, kannst du einfach einen Eisportionierer einsetzen.

Dressing
Alle Zutaten in ein Glas mit Schraubverschluss geben, schließen und kräftig schütteln. So hast du weniger Arbeit und weniger Sauerei.

REZEPTE

WIE GROSS IST DEIN HUNGER?

Etwas Kleines geht schon	Sehr groß!

DANN PROBIER DOCH...

Etwas Kleines geht schon	Sehr groß!
Pflücksalat mit Beeren S. 28	Ochsenfetzen-Burger S. 42
Avocado-Stulle mit Ei S. 26	Avocado-Pasta S. 20
Omelett mit Hüttenkäse S. 22	Wraps mit paniertem Halloumi S. 32

FRÜHLING

FORELLENTATAR
MIT MEERRETTICH-CREME

15 Minuten

Für 2 Personen

- » ½ Apfel
- » ½ kleine Rote Bete (gegart, vakuumiert)
- » 3 Gewürzgurken
- » 2 TL Sahnemeerrettich
- » 2 EL Mayonnaise
- » 2 EL Joghurt (3,5%)
- » Salz und Pfeffer
- » ½ Räucherforelle
- » 1 TL Butter
- » 2 Scheiben Schwarzbrot (z. B. Pumpernickel)
- » 1 Zweig Thymian

Zubereitung

Apfel waschen, entkernen und mit Rote Bete und Essiggurken in 4 mm kleine Würfel schneiden oder im Zwiebelschneider zerkleinern. In eine Schüssel geben. Sahnemeerrettich, Mayonnaise und Joghurt dazugeben und alles vermengen. Mit Salz und Pfeffer abschmecken.

Die Forelle in 1 cm große Stücke schneiden und beiseitestellen. In einer Pfanne die Butter erhitzen und das Schwarzbrot darin anrösten.

Nun die Brote dick mit der Creme bestreichen und darauf die Forellenstückchen anrichten. Thymianblätter von den Zweigen zupfen und das Tatar damit garnieren.

Tipp

Für die besondere Präsentation empfiehlt sich ein Dessertring.

Weinempfehlung

Ein **frischer, aromatischer Vinho Verde** mit seinem moderaten Alkoholgehalt und seiner knackigen Säure punktet bei dem leichten Sommergericht mit seinen dezenten Aromen. Vinho Verde, auf portugiesisch „Grüner Wein", bezieht sich übrigens nicht auf die Farbe des Weins, sondern auf sein fruchtbares Herkunftsgebiet im Norden Portugals. Ich empfehle dazu den **Suape Vinho Verde.**

AVOCADO-PASTA
MIT KIRSCHTOMATEN

20 Minuten

Für 2 Personen

- 300 g Spaghetti
- Salz und Pfeffer
- 30 g Pinienkerne
- 70 g Parmesan
- 1 reife Avocado
- 1 EL Limettensaft
- 8 Kirschtomaten
- 1 Knoblauchzehe
- 4 EL Butter (alternativ Olivenöl)

Zubereitung

Die Nudeln nach Packungsanleitung in leicht gesalzenem Wasser kochen. Derweil die Pinienkerne in einer Pfanne ohne Öl kurz anrösten und herausnehmen. Den Parmesan reiben und beides beiseitestellen.

Die Avocado halbieren, den Kern entfernen, das Fruchtfleisch herauslösen und dieses in 1,5 cm große Würfel schneiden. Die Avocadowürfel mit etwas Limettensaft beträufeln und in eine Schüssel geben. Kirschtomaten halbieren und zur gewürfelten Avocado geben. Knoblauch schälen und zum Gemüse pressen.

Nun die Nudeln abgießen, zurück in den Topf geben, die Butter hineingeben und die Nudeln in der Butter schwenken, bis sie geschmolzen ist. Die restlichen Zutaten zu den Nudeln in den Topf geben, alles gut vermengen und mit Salz und Pfeffer abschmecken.

Tipp

Geräucherter Lachs, in feine Streifen geschnitten, passt sehr gut zu diesem Gericht.

Weinempfehlung

Ein **fruchtig-würziger Weißburgunder** begleitet die cremige Avocado-Pasta in wunderbarer, unaufdringlicher Weise. Ich empfehle den **Black Forest Heritage Weißburgunder** vom Ortenauer Weingut Kopp dazu.

OMELETT MIT HÜTTENKÄSE & KRESSE

15 Minuten

Für 2 Personen

- 6 Eier (Größe M)
- 2 EL Sahne
- Salz und Pfeffer
- 2 EL Butter
- 200 g Hüttenkäse
- ½ Kästchen Kresse

Zubereitung

Die Eier in einer Schüssel aufschlagen, Sahne zugeben, mit Salz und Pfeffer würzen und gut verquirlen. 1 EL Butter in einer mittelgroßen Pfanne bei mittlerer Hitze langsam zergehen lassen.

Die Hälfte der Eimischung hineingeben und 2 Minuten braten, bis das Ei gestockt, aber in der Mitte noch flüssig ist. Die Hälfte vom Hüttenkäse auf dem Omelett verteilen und mit Kresse bestreuen. Mit den übrigen Zutaten das zweite Omelett zubereiten und direkt servieren.

Tipp

Dazu passt hervorragend ein frischer Tomatensalat.

Weinempfehlung

Dazu empfehle ich einen **trockenen Müller-Thurgau**, der mit seinem feinwürzigen Bukett die Aromen der unkomplizierten Eierspeise besonders gut ergänzt.

Mein Favorit ist der **Iphöfer Müller-Thurgau trocken** vom Weingut Hans Wirsching.

KICHERERBSENSALAT
MIT TOMATEN & FETA

15 Minuten

Für 2 Personen

Für das Dressing

» 1 Knoblauchzehe
» 2 EL Aceto balsamico bianco
» 1 TL süßer Senf
» 3 EL Olivenöl
» Salz und Pfeffer

Für den Salat

» 8 Kirschtomaten
» 1 Bund Petersilie
» 2 Schalotten
» Olivenöl zum Braten
» 1 Glas Kichererbsen (350 g Füllgewicht)
» 1 TL edelsüßes Paprikapulver
» ½ TL gemahlener Kreuzkümmel
» 1 TL gemahlene Kurkuma
» 100 g Schafskäse

Zubereitung

Den Knoblauch schälen und in eine kleine Schüssel pressen, Aceto balsamico und Senf dazugeben und verrühren. Das Olivenöl in einem dünnem Strahl unterschlagen, mit Salz und Pfeffer würzen und beiseitestellen.

Tomaten waschen und in kleine Würfel schneiden. Petersilie waschen, trocken schütteln, die Blätter abzupfen und hacken. Ebenfalls beiseitestellen.

Die Schalotten schälen, in feine Würfel schneiden und in einer Pfanne bei mittlerer Hitze in Olivenöl andünsten. Die Kichererbsen durch ein Sieb abgießen und kalt abspülen. Die Kichererbsen zu den Zwiebeln geben und bei starker Hitze ca. 1 Minute anbraten, dann die Gewürze in die Pfanne geben und kurz mit anrösten. Vom Herd nehmen.

Nun die Tomaten und die gehackte Petersilie unterheben, das Dressing hinzugeben und auf Teller verteilen. Zum Schluss den Feta über den Salat bröseln und lauwarm servieren.

Tipp

Über Nacht durchgezogen schmeckt der Salat auch fantastisch.

Weinempfehlung

Zum Kichererbsensalat empfehle ich einen **Merlot**, der mit seinen feinen, würzigen Noten und weicher Tanninstruktur sehr gut mit den orientalischen Aromen und dem salzigen Feta harmoniert. Optional passen aber auch Weißweine mit etwas Restsüße, wie z. B. ein **halbtrockener Riesling**. Meine Wahl ist der **Prugneto Sangiovese Merlot** – Poderi dal Nespoli aus der Emilia-Romagna.

AVOCADO-STULLE
MIT EI & SENFSAUCE

15 Minuten

Für 2 Personen

Für die Stulle

» 4 Eier (Größe M)
» 1 reife Avocado
» 1 Bio-Zitrone
» Salz und Pfeffer
» 4 Scheiben Bauernbrot

Für die Senfsauce

» 2 EL Butter
» 1 ½ EL Mehl
» 200 ml Milch
» 100 ml Gemüsebrühe
» 2 TL Dijonsenf
» 2 TL mittelscharfer Senf
» 2 EL gehackte Petersilie
» Salz und Pfeffer

Zubereitung

In einem kleinen Topf Wasser zum Kochen bringen und die Eier darin, je nach Größe, 7 Minuten wachsweich kochen.

In der Zwischenzeit die Avocado halbieren, den Kern entfernen, das Fruchtfleisch herauslösen und dieses mit der Gabel in einer kleinen Schüssel zerdrücken. Bio-Zitrone darüber auspressen, salzen und pfeffern und beiseitestellen.

Die Brotscheiben toasten oder in einer Pfanne ohne Fett kurz anrösten. Für die Sauce die Butter in einem Topf zerlassen, Mehl zugeben und unter Rühren darin anschwitzen. Milch und Brühe nach und nach mit einem Schneebesen einrühren und bei schwacher Hitze kurz köcheln lassen. Die Senfe in die Sauce rühren und mit Salz und Pfeffer abschmecken.

Die Avocadocreme auf den Brotscheiben verteilen. Die gekochten Eier pellen, halbieren und auf die Creme setzen, etwas Senfsauce darüber geben und mit gehackter Petersilie bestreuen. Direkt servieren.

Weinempfehlung

Dazu empfehle ich einen **frischen Chardonnay**, der die Power hat, um das deftig-leckere Gericht aufzufangen. Mein Favorit ist der **Fontanafredda Langhe Chardonnay.**

PFLÜCKSALAT
MIT BEEREN

15 Minuten

Für 2 Personen

Für das Dressing
- » 2 EL Himbeeressig
- » 1 EL Honig
- » 1 TL Senf
- » 3 EL Olivenöl
- » Salz und Pfeffer

Für den Salat
- » 30 g Pinienkerne
- » 300 g Pflücksalat
- » 125 g Himbeeren
- » 100 g Heidelbeeren
- » 200 g Ziegenfrischkäse

Zubereitung

In einer Schüssel Essig, Honig und Senf verrühren. Das Olivenöl in einem dünnen Strahl unterschlagen und mit Salz und Pfeffer würzen.

Die Pinienkerne in einer Pfanne ohne Öl anrösten und beiseitestellen. Den Salat waschen, trockentupfen oder schleudern und auf Teller verteilen. Himbeeren und Heidelbeeren verlesen, waschen und trockentupfen, auf dem Salat verteilen und mit dem Dressing beträufeln.

Den Ziegenfrischkäse mit einem Teelöffel in kleinen Bröckchen auf dem Salat verteilen. Die Pinienkerne darüberstreuen und direkt servieren.

Tipp

Für ein milderes Dressing kannst du 1 TL Joghurt miteinrühren.

Weinempfehlung

Die Säure des Weins verstärkt die Säure der Zutaten im Salat. Dies schließt viele Weine von vorneherein aus. Ein **säurearmer Silvaner** begleitet die unterschiedlichen Komponenten des Gerichts sehr gut.

Meine Wahl zu diesem Gericht ist der **Silvaner „Die Gefährten“** vom fürstlichen Weingut Castell.

WARMER BROTSALAT
MIT SPARGEL & GARNELEN

20 Minuten

Für 2 Personen

Für den Salat

» 1 Bund grüner Spargel
» Salz
» 8 Kirschtomaten
» 4 Scheiben Brot (geht auch vom Vortag)
» 200 g Garnelen (küchenfertig)
» 2 Knoblauchzehen
» 4 EL Olivenöl
» ½ TL Chiliflocken
» ½ TL edelsüßes Paprikapulver
» etwas Petersilie zum Bestreuen

Für das Dressing

» 2 EL Weißweinessig
» 1 TL süßer Senf
» 3 EL Olivenöl
» Salz und Pfeffer

Zubereitung

Den Spargel waschen und die holzigen Enden abschneiden. Spargel in 2 cm große Stücke schneiden und in kochendem Salzwasser etwa 5 Minuten garen. Währenddessen kann das Dressing vorbereitet werden.

Dazu in einer Schüssel Essig und Senf verrühren. Das Olivenöl in dünnem Strahl unterschlagen, mit Salz und Pfeffer würzen und beiseitestellen. Dann den Spargel aus dem Wasser holen, kalt abschrecken und abtropfen lassen und wieder zurück in den Topf geben, damit er warm bleibt.

Die Kirschtomaten waschen, halbieren und zum Spargel geben. Die Brotscheiben in 1,5 cm große Würfel schneiden. Garnelen abbrausen und trockentupfen.

Olivenöl auf zwei Pfannen aufteilen und beide erhitzen. Brotwürfel in eine Pfanne geben und dort rundum knusprig braten. Knoblauch schälen und in die andere Pfanne pressen. Sobald der Knoblauch etwas gebräunt ist, die Garnelen dazugeben und scharf anbraten, bis sie leicht Farbe bekommen. Mit Salz, Chili und Paprika abschmecken. Nun alle Zutaten in einer Salatschüssel mit dem Dressing vermengen, mit Petersilie bestreuen und warm servieren.

Tipp

Um den Spargel länger frisch zu halten, kann man diesen in feuchte Küchentücher gewickelt im Kühlschrank aufbewahren.

Weinempfehlung

Die geschmacksstärksten Komponenten im Gericht sind die Knoblauch-Garnelen, daran sollte sich auch der Wein zum Essen orientieren. Dazu passt ein eleganter **Fermentino** mit zitrischen Aromen, der dadurch das Gericht hervorragend ergänzt. Ich empfehle den **Vermentino di Sardegna** von Antonella Cardo.

WRAPS MIT PANIERTEM HALLOUMI

20 Minuten

Für 2 Personen

Für den Dip

» 4 EL Mayonnaise
» 1 TL Aprikosenkonfitüre
» 1 TL mittelscharfer Senf
» ½ TL Currypulver
» Salz

Für die Füllung

» ½ Paprika
» 4 Blätter Romanasalat
» 1 Avocado
» Olivenöl zum Braten
» 1 Maiskolben (vorgegart)
» 10 Tortilla-Chips
» 1 Ei (Größe M)
» 1 Halloumi
» 4 Weizentortillas
» 1 TL Chiliflocken
» Salz und Pfeffer

Tipp

Tacos mit Käsegeschmack sind mein absoluter Favorit!

Zubereitung

Backofen auf 180 °C (Ober-/Unterhitze) vorheizen. Alle Zutaten für den Dip in einer kleinen Schüssel verquirlen, mit etwas Salz abschmecken und beiseitestellen.

Die Paprika waschen, putzen und in schmale Streifen schneiden. Salatblätter waschen und trockentupfen. Die Avocado halbieren, den Kern entfernen, das Fruchtfleisch herauslösen und in Scheiben schneiden. Alles bereitstellen.

Etwas Olivenöl in einer Pfanne erhitzen, Maiskolben mit einem Messer von den Maiskörnern befreien und diese in der Pfanne bei starker Hitze kurz anbraten, herausnehmen und beiseitestellen.

Die Tortilla-Chips in einer kleinen Schüssel mit den Händen zerkrümeln. Das Ei in einer weiteren kleinen Schüssel aufschlagen und verquirlen. Den Halloumi in 1 cm breite Scheiben schneiden und erst im verquirlten Ei und anschließend in den zerkrümelten Tacos wälzen. In die noch heiße Pfanne etwas Olivenöl geben und erhitzen, die Halloumischeiben darin anbraten, bis sie gebräunt und knusprig sind.

Derweil die Tortillas für 3 Minuten auf dem Rost in den Ofen geben. Dann die warmen Wraps mit dem Curry-Dip bestreichen, das Gemüse darauf verteilen und mit den gebratenen Halloumischeiben belegen. Mit Chiliflocken, Salz und Pfeffer würzen, zusammenfalten und sofort servieren.

Weinempfehlung

Ein **Sauvignon Blanc** mit tropischen Noten, dezenter Süße und knackiger Säure ist der perfekte Begleiter für den Wrap mit dem süß-würzigen Dip.

Der **Sauvignon Blanc** der Vintage Winery KSK aus Stuttgart ist meine Empfehlung zu dem schnellen, vegetarischen Gericht.

SPARGEL MIT RINDER-FILET & BASMATIREIS

20 Minuten

Für 2 Personen

- 150 g Basmatireis
- 1 EL Sesam
- ½ Chilischote
- 20 g Ingwer
- 1 Knoblauchzehe
- 6 EL Sojasauce
- 1 EL Sesamöl
- ½ Limette
- 300 g Rinderfilet
- Salz
- 1 Bund grüner Spargel (ca. 500 g)
- 3 EL Olivenöl

Zubereitung

Den Reis nach Packungsanleitung in leicht gesalzenem Wasser kochen. Derweil den Sesam in einer Pfanne ohne Fett anrösten und beiseitestellen. Chilischote waschen, putzen (nach Belieben die Kerne entfernen) und in feine Ringe schneiden. Ingwer und Knoblauch schälen und in feine Würfel schneiden.

Chili, Ingwer und Knoblauch in einer kleinen Schüssel mit Sojasauce und Sesamöl vermischen, den Saft der Limette hineinpressen und alles verrühren.

Das Filet in 1 cm breite Streifen schneiden und leicht salzen. Den Spargel waschen, die holzigen Enden abschneiden und jeweils schräg dritteln.

In einer großen Pfanne 1 EL Olivenöl erhitzen und den Spargel bei starker Hitze ca. 1 Minute anbraten und mit 70 ml Wasser ablöschen. Den Spargel im Wasser dünsten, bis es vollständig verkocht ist, und dann beiseitestellen. In einer zweiten Pfanne Olivenöl erhitzen und das Fleisch bei starker Hitze 1–2 Minuten darin anbraten. Dann das Fleisch in die Spargelpfanne geben.

Die Sojasaucenmischung darüber geben und alles bei mittlerer Hitze etwa 3 Minuten verrühren. Gerösteten Sesam über den Spargel geben und mit dem Basmatireis servieren.

Tipp

Die vegane Variante zu diesem Gericht: Anstatt Rinderfilet Räuchertofu mit Sesam anbraten und mit Koriander garnieren.

Weinempfehlung

Ein feiner **fruchtig-süßer Riesling** mit zarter Cremigkeit und moderatem Alkoholgehalt begleitet ideal das leicht scharfe, würzig asiatische Gericht. Die Schärfe verträgt sich super mit der Süße des Weins. Meine Empfehlung ist der **F.J. Eifel – Riesling Su wie Frieja.**

TARTE MIT ZIEGEN-KÄSE & KIRSCHTOMATEN

30 Minuten

Für 2 Personen

- » Butter und Mehl für die Form
- » 1 Rolle Blätterteig (Fertigprodukt)
- » 200 g Sahne
- » 4 Eier (Größe M)
- » 4 EL Olivenöl
- » Salz und Pfeffer
- » 12 Kirschtomaten
- » 150 g Ziegenfrischkäse
- » 3 Zweige Thymian

Zubereitung

Backofen auf 180 °C (Ober-/Unterhitze) vorheizen. Die Quiche-Form mit Butter einfetten und mit dem Mehl ausstäuben, sodass der Teig sich später leichter aus der Form lösen lässt. Den Blätterteig in die Form geben und beiseitestellen.

In einer Schüssel Sahne, Eier, Olivenöl, Salz und Pfeffer mit dem Handrührgerät schaumig schlagen. Die Masse auf den Boden gießen. Die Kirschtomaten waschen und in der Ei-Sahne verteilen. Den Ziegenfrischkäse mit einem Teelöffel in kleinen Häufchen gleichmäßig auf der Quiche verteilen.

Thymian waschen, trocken schütteln, die Blätter von den Zweigen zupfen und über die Masse streuen. Die Quiche vorsichtig in den heißen Backofen schieben und 20 Minuten backen, bis die Masse gestockt, leicht gebräunt und knusprig ist.

Tipp

Die Quiche schmeckt auch kalt vorzüglich.

Weinempfehlung

Zu diesem Gericht empfiehlt sich eine **süße, feinfruchtige Scheurebe**, die sich hervorragend mit dem Ziegenkäse und den reichhaltigen Zutaten der Quiche verbindet.

Mein Favorit ist **Der Scheue** vom Weingut Spieß.

MEDITERRANE ORZO
MIT ZUCCHINI & BURRATA

20 Minuten

Für 2 Personen

- 4 Scheiben Parmaschinken
- 300 g Orzo (Reisnudeln)
- 4 getrocknete Tomaten (in Öl)
- 1 Knoblauchzehe
- 1 Zucchini
- 2 EL Olivenöl
- Salz und Pfeffer
- 2 EL Schmand
- 1 Kugel Burrata (125 g)
- ½ Bund glatte Petersilie

Zubereitung

Den Backofen auf 180 °C (Ober-/Unterhitze) vorheizen. Das Backblech mit Backpapier auslegen und darauf die Schinkenscheiben platzieren. Diese für 15 Minuten in den Backofen schieben. Die Reisnudeln nach Packungsanleitung in leicht gesalzenem Wasser kochen.

Derweil die Tomaten etwas abtropfen lassen und in schmale Streifen schneiden. Die Knoblauchzehe schälen und klein würfeln, Zucchini raspeln und alles beiseitestellen.

Öl in einer Pfanne erhitzen und den Knoblauch darin anbraten, bis er leicht gebräunt ist. Zucchini und Tomaten dazugeben, etwa 3 Minuten anbraten und mit Salz und Pfeffer abschmecken. Die Reisnudeln abgießen, mit Schmand in die Pfanne geben und vermengen. Die Mischung auf zwei Teller verteilen, Burrata vierteln und auf die beiden Teller verteilen. Den knusprigen Schinken aus dem Ofen nehmen und auf die Nudeln legen. Zum Schluss mit der gezupften Petersilie garnieren.

Tipp

Wer kein Orzo zur Hand hat, kann dieses Gericht auch mit Basmatireis zubereiten.

Weinempfehlung

Der italienische Reisnudelrisotto mit würzigen Zutaten wie Speck und getrockneten Tomaten verlangt nach einem **mittelkräftigen, fruchtbetonten Rotwein**. Das ruft den **Roma Rosso DOC** von Federici aufs Tableau: Mit Noten nach dunklen, reifen Beeren und weichem Tannin rundet dieser Wein aus der Umgebung von Rom das Gericht tadellos ab.

SHAKSHUKA

25 Minuten

Für 2 Personen

- 1 rote Zwiebel
- 1 Paprika
- 1 kleine Zucchini
- 1 Bund Petersilie
- Olivenöl
- 1 Knoblauchzehe
- 500 g stückige Tomaten (Dose)
- 1 TL rosenscharfes Paprikapulver
- ½ TL gemahlener Kreuzkümmel
- etwas Chilipulver
- Salz und Pfeffer
- 1 Dose Kichererbsen (400 g)
- 200 g TK-Blattspinat
- 4 Eier (Größe M)
- etwas Petersilie zum Garnieren

Zubereitung

Zwiebel schälen und fein würfeln. Paprika und Zucchini waschen, putzen und klein würfeln. Petersilie waschen, trocken schütteln und die Blätter fein hacken.

Olivenöl in einem Topf erhitzen und die Zwiebeln darin andünsten. Den Knoblauch schälen, hineinpressen und kurz mit anschwitzen. Paprika und Zucchini zugeben und einige Minuten mit anbraten. Stückige Tomaten zugeben und mit den Gewürzen abschmecken. Die Kichererbsen abtropfen lassen und mit Blattspinat ebenfalls in die Pfanne geben und vermengen.

Mit einem Kochlöffel 4 kleine Mulden für die Eier in die Sauce formen. Die Eier vorsichtig aufschlagen und jeweils in eine Mulde geben. Bei mittlerer Hitze mit geschlossenem Deckel ein paar Minuten garen, bis die Eier die gewünschte Konsistenz haben. Mit Salz und Pfeffer nochmal abschmecken und mit Petersilie bestreuen.

Tipp

Shakshuka ist das israelische Nationalgericht und super einfach mit jeder Gemüsesorte zu kombinieren. Also gerne auch mit Aubergine oder Kartoffeln ausprobieren.

Weinempfehlung

Zu diesem israelischen Gericht kann man zum Beispiel einen **mittelkräftigen Rotwein** von den Golanhöhen trinken. Den hatten wir nicht zur Hand, fanden aber den Faustino **Faustino I Gran Reserva Rioja** eine wunderbare Alternative.

OCHSENFETZEN-BURGER

30 Minuten

Für 2 Personen

- 1 rote Paprika
- 1 weiße Zwiebel
- 3 EL Olivenöl
- 2 TL Zucker
- Salz und Pfeffer
- 2 Salatblätter (z. B. Romanasalat)
- 2 Burger-Brötchen
- 1 Knoblauchzehe
- 4 Streifen von der Rinderhüfte (ca. 1 cm dick à 80 g)
- 150 g Frischkäse

Zubereitung

Den Backofen auf 180 °C (Ober-/Unterhitze) vorheizen. Paprika halbieren, putzen, waschen und in feine Streifen schneiden. Die Zwiebel schälen und in feine Ringe schneiden. 2 EL Olivenöl in einer Pfanne erhitzen, Paprika und Zwiebel darin kurz scharf anbraten, dann bei geringer Hitze andünsten und immer wieder umrühren.

Derweil die Salatblätter waschen und trockentupfen. Die Burger-Brötchen aufschneiden und mit der Innenseite nach oben im heißen Backofen rösten. Den Knoblauch schälen und in kleine Würfel schneiden. Die Fleischstücke leicht salzen, in einer Pfanne Olivenöl erhitzen und mit dem Knoblauch etwa 30 Sekunden pro Seite scharf anbraten und dann beiseitestellen.

Die Hitze der Paprika-Zwiebelpfanne wieder erhöhen, mit Salz und Pfeffer abschmecken und den Zucker hinzufügen. Das Gemüse etwa 2 Minuten unter Rühren karamellisieren. Die Burger-Brötchen aus dem Ofen holen und dick mit dem Frischkäse bestreichen. Mit je 1 Salatblatt belegen, das Fleisch draufgeben und mit den Paprika-Zwiebeln garnieren. Deckel drauf geben und genießen!

Tipp

Der Frischkäse darf gerne mit etwas Sahnemeerrettich verfeinert werden.

Weinempfehlung

Zu diesem Burger-Gericht mit den kräftigen Röstnoten, den karamellisierten Zwiebeln und der Paprika ist ein **Sangiovese** wie gemacht. Mit intensiver Aromatik, Kraft, weichen Tanninen und schmeckbarer Süße nimmt er es mit der gehaltvollen Speise mühelos auf. Meine Wahl dazu ist von Poderi dal Nespoli der **Sangiovese Appassimento.**

CRÊPES MIT
ZITRONEN-RICOTTACREME

20 Minuten

Für 2 Personen

Für die Creme

» 1 große Bio-Zitrone
» 250 g Ricotta
» 2 TL flüssiger Honig
» 1 EL Puderzucker

Für die Crêpes

» 130 g Mehl
» 40 ml Milch
» 100 ml kohlensäurehaltiges Mineralwasser
» 2 Eier (Größe M)
» 1 EL Vanillezucker
» 1 Prise Salz
» Butter zum Braten

Zubereitung

Die Zitrone heiß waschen und die Schale in eine Rührschüssel reiben. Die Zitrone halbieren, den Saft aus einer Hälfte auspressen und dazu geben. Alle weiteren Zutaten für die Creme hinzugeben und mit einem Schneebesen cremig verrühren.

Alle Zutaten für die Crêpes in eine große Rührschüssel geben. Dazu den Saft der anderen Zitronenhälfte zupressen und alles mit einem Handrührgerät klümpchenfrei verrühren.

Etwas Butter in einer Pfanne erhitzen und die Crêpes bei mittlerer Hitze von beiden Seiten goldbraun backen. Die warmen Crêpes mit der Creme bestreichen und einrollen. Mit Puderzucker bestäuben.

Tipp

Ich esse unheimlich gern frische Erdbeeren dazu.

Weinempfehlung

Nicht alle Desserts lassen sich angemessen von Wein begleiten. Doch zum Frühlings-Dessert mit den zitrisch-frischen Noten und feiner Ricottacreme passt sehr gut die **Riesling Auslese** vom Mosel-Weingut A. J. Adam. Die deutliche Süße und die fein-nervige Säure des Weins harmonieren perfekt mit der Nachspeise. Ausprobieren!

BRAUCHST DU HEUTE ETWAS ...

Leichtes	Deftiges

DANN PROBIER DOCH...

Leichtes	Deftiges
Zoodles mit Brotkroketten S. 50	Gratinierter Fenchel mit Bratwurst S. 60
Chicoreésalat mit Grapefruit S. 62	Sushi-Bowl mit Lachs und Gemüse S. 70
Bunte Summer Rolls S. 58	Pasta mit Brokkoli & Kabeljau S. 56

SOMMER

FENCHELSALAT MIT NEKTARINE & MOZZARELLA

20 Minuten

Für 2 Personen

Für das Dressing
- 3 EL Orangensaft
- 1 EL Aceto balsamico bianco
- 1 EL Senf
- 2 TL Honig
- 3 EL Olivenöl
- Salz und Pfeffer

Für den Salat
- 1 Fenchelknolle
- 2 Nektarinen
- 1 Kugel Mozzarella (ca. 125 g)
- 2 EL Granatapfelkerne

Zubereitung

Für das Dressing den Orangensaft, Balsamicoessig, Senf und Honig in einer kleinen Schüssel verrühren. Das Olivenöl im dünnen Strahl unterschlagen. So bekommt die Vinaigrette eine sämige Konsistenz. Mit Salz und Pfeffer würzen.

Die Fenchelknolle waschen und den Strunk entfernen. Den Fenchel in feine Streifen schneiden und in eine Schüssel geben. Nektarinen waschen, halbieren, entsteinen und in kleine Würfel schneiden. Den Mozzarella grob zerrupfen.

Alle Zutaten in der Schüssel mit der Vinaigrette vermengen. Granatapfel vierteln, die Kerne vorsichtig herauslösen und über den Salat streuen.

Tipp

Um die Küche und dich sauber zu halten, empfehle ich, den Granatapfel einfach in einer Schüssel oder einem kleinen Topf mit Wasser zu entkernen.

Weinempfehlung

Dazu empfehle ich eine **halbtrockene Scheurebe Spätlese**. Diese fängt mit Frucht und Süße die Vielseitigkeit der Aromen des Salats sehr gut auf.

Meine Weinwahl dazu ist vom Weingut Hans Wirsching eine **Scheurebe Spätlese Iphöfer Kronsberg.**

ZOODLES MIT BROTKROKETTEN

25 Minuten

Für 2 Personen

Für die Kroketten

» 2 kleine weiße Brötchen (vom Vortag)
» 1 Kugel Mozzarella (ca. 125 g)
» 1 Ei (Größe M)
» 30 g Parmesan
» 6 Basilikumblätter
» Salz und Pfeffer

Für die Zoodles

» 8 Kirschtomaten
» 2 Schalotten
» 1 Knoblauchzehe
» 1 rote Spitzpaprika
» 4 EL Olivenöl
» 2 Zucchini
» 100 g Frischkäse
» edelsüßes Paprikapulver
» 100 g Schafskäse

Tipp

Wenn du keinen Spiralschneider besitzt, kannst du die Zucchini auch mit dem Sparschäler in Streifen schneiden.

Zubereitung

Brötchen und Mozzarella in kleine Würfel schneiden und in eine Schüssel geben. Das Ei hinzufügen, Parmesan hineinreiben. Die Basilikumblätter waschen, klein hacken und ebenfalls dazugeben, mit Salz und Pfeffer würzen. Alle Zutaten mit den Händen zu einer festen Masse kneten. Daraus walnussgroße Kroketten formen und diese beiseitestellen.

Kirschtomaten waschen und halbieren. Schalotten schälen und in feine Ringe schneiden. Knoblauch schälen und klein hacken. Paprika halbieren, putzen, waschen und in kleine Würfel schneiden.

2 EL Olivenöl in einer Pfanne erhitzen und darin Schalotten und Knoblauch andünsten. Paprika dazugeben und die Hitze reduzieren. Bei geschlossenem Deckel ca. 5 Minuten braten, dabei gelegentlich umrühren. Frischkäse zugeben.

In einer weiteren Pfanne 2 EL Olivenöl erhitzen und die Kroketten bei starker Hitze kurz anbraten, bis sie außen knusprig und gar sind. In der Zwischenzeit die Zucchini mit dem Spiralschneider schneiden und die Zoodles zu dem Paprikagemüse geben. Kurz köcheln lassen, mit Salz, Pfeffer und Paprikapulver würzen. Die Tomaten unterheben und das Gemüse auf die Teller verteilen. Nun die Kroketten auf das Zoodle-Bett legen und den Schafskäse darüber bröseln.

Weinempfehlung

Dieses Gericht braucht einen **sehr leichten Weißwein** als Partner. Ein **Weißburgunder** mit feinen Fruchtnoten gefällt uns dazu am besten. Daher empfehle ich vom Weingut Vollmer den **Weißburgunder trocken** aus der Pfalz.

MANGO-
AVOCADO-SALAT

20 Minuten

Für 2 Personen

Für das Dressing

- 100 ml Orangensaft
- Salz und Pfeffer
- ½ TL Chilipulver
- 3 EL Olivenöl
- 1 EL Honig

Für den Salat

- 1 Kugel Büffelmozzarella (125 g)
- 1 Mango
- ½ Bund Rucola
- 30 g Pinienkerne
- 1 Limette
- 1 Avocado

Zubereitung

Den Orangensaft in einen kleinen Topf geben und auf die Hälfte einkochen lassen. Die Reduktion in einer Schüssel mit Salz, Pfeffer, Chili, Öl und Honig zu einer Vinaigrette verrühren.

Den Büffelmozzarella in 1 cm große Würfel schneiden. Die Mango schälen, das Fruchtfleisch vom Kern schneiden und ebenso würfeln. Den Rucola waschen, trockenschleudern und evtl. harte lange Stiele entfernen.

Die Pinienkerne in einer Pfanne ohne Öl anrösten und beiseitestellen. Die Limette auspressen. Die Avocado schälen, halbieren, den Kern entfernen, das Fruchtfleisch herauslösen, ebenfalls in Würfel schneiden und direkt mit dem Limettensaft beträufeln. Avocado mit Salz und Pfeffer würzen.

Zum Anrichten ein Bett aus Rucola auf die Teller geben, darauf Avocado, Mango und Mozzarella anrichten, alles mit der Vinaigrette beträufeln und zum Schluss mit Pinienkernen bestreuen. Am besten direkt servieren.

Tipp

Wer`s feurig mag, kann auch eine Chilischote klein gewürfelt in den Salat mischen.

Weinempfehlung

Dazu empfehle ich einen **halbtrockenen aromatischen Wein**, der mit den exotisch-süßen Komponenten des Salats harmoniert. Meine Wahl fällt auf den **Riesling Gewürztraminer** vom Weingut Kopp.

NUDELN MIT PISTAZIENPESTO & BURRATA

15 Minuten

Für 2 Personen

- 300 g Spaghetti
- Salz und Pfeffer
- 1 Topf Basilikum
- 1 Knoblauchzehe
- 100 ml Olivenöl
- 70 g Pistazienkerne
- 60 g Pecorino
- 1 EL Zitronensaft
- 2 Kugeln Burrata (à 125 g)

Zubereitung

Die Nudeln nach Packungsanleitung in leicht gesalzenem Wasser kochen.

Währenddessen die Basilikumblätter abzupfen und waschen. Knoblauch schälen. Basilikum und Knoblauch mit Olivenöl, Pistazien, Pecorino und Zitronensaft in ein hohes Gefäß geben. Mit einem Stabmixer pürieren. Mit Salz und Pfeffer würzen.

Die Nudeln abgießen und in einer Schüssel mit dem Pesto vermengen. Die Nudeln auf zwei Teller verteilen, jeweils 1 Kugel Burrata in das Spaghetti-Nest setzen und direkt servieren.

Tipp

Bereite die doppelte Menge Pesto zu. So hast du eine Woche später wieder ein schnelles Abendessen parat. Bedecke es gut mit Öl, so wird es nicht schlecht und kann hervorragend aufbewahrt werden.

Weinempfehlung

Zu diesem feinen Pastagericht passt ein Wein mit mittlerem Körper und Frucht wie etwa ein **Pinot Grigio** aus Norditalien.

Dazu empfehle ich den **Latentia Novantaceppi Pinot Grigio Friuli.**

PASTA MIT
BROKKOLI & KABELJAU

25 Minuten

Für 2 Personen

- 300 g Bandnudeln
- Salz und Pfeffer
- 1 kleiner Brokkoli
- 1 Zwiebel
- 3 EL Butter
- 4 EL Crème fraîche
- 2 Kabeljaufilets (à 200 g)
- 3 EL Mandelblättchen

Tipp

Je kleiner du die Brokkoliröschen schneidest, desto cremiger wird die Sauce.

Zubereitung

Die Nudeln nach Packungsanleitung in leicht gesalzenem Wasser kochen. Einen weiteren Topf mit Salzwasser aufsetzen, den Brokkoli waschen, in Röschen schneiden und ca. 3 Minuten im Wasser garkochen.

Inzwischen Zwiebel schälen, fein würfeln und in einer großen Pfanne in 1 EL Butter ca. 3 Minuten andünsten. Brokkoli abgießen und zu den Zwiebeln in die Pfanne geben, kurz mit anrösten und mit 150 ml Nudelwasser ablöschen. Crème fraîche zugeben, bei mittlerer Hitze leicht köcheln lassen und mit Salz und Pfeffer abschmecken.

2 EL Butter in einer Pfanne erhitzen, die Kabeljaufilets mit einem Küchenpapier abtupfen, salzen und pfeffern und ca. 4 Minuten von beiden Seiten in der Pfanne anbraten. Nudeln abgießen und mit der Brokkolisauce vermengen.

Den Fisch aus der Pfanne nehmen, mit Küchenpapier die Pfanne auswischen und darin die Mandelblättchen kurz anrösten, bis sie goldbraun sind. Die Nudeln auf zwei Tellern anrichten, die Fischfilets darauf geben und mit den Mandelblättchen bestreut servieren.

Weinempfehlung

Zu dem reichhaltigen Fischgericht mit gerösteten Mandeln sollte man zu einem Weißwein greifen, der über genügend Körper verfügt: Hier überzeugt ein **Grauburgunder** zur sahnigen Sauce und den Röstaromen.

Der **Grauburgunder Steillage** vom Weingut Kusterer aus Esslingen ist meine Empfehlung.

BUNTE
SUMMER ROLLS

25 Minuten

Für 2 Personen

Für den Dip

» 4 g frischer Ingwer
» ½ Limette
» 2 EL Erdnussmus
» 1 EL Sesamöl
» 1 EL Sojasauce
» 2 EL süße Chilisauce

Für die Rollen

» 50 g dünne Reisnudeln
» ¼ Rotkohl
» 1 Möhre
» ½ rote Paprika
» ¼ Mango
» 150 g Räuchertofu
» 1 EL Sesamöl (alternativ Sonnenblumenöl)
» 2 EL Sesam
» 1 Bund frisches Koriandergrün
» 8 Blätter Reispapier

Tipp

Da das Reispapier schnell reißt, kannst du auch 2 Blätter verwenden.

Zubereitung

Für den Dip Ingwer schälen, fein hacken und in eine kleine Schüssel geben. Den Saft der Limette zu dem Ingwer pressen, Erdnussmus, Sesamöl, Sojasauce und süße Chilisauce dazugeben und gut vermengen. Den Dip beiseitestellen.

Die Nudeln nach Packungsanleitung garen, dann abgießen und die Nudeln mit kaltem Wasser abspülen. Bereitstellen. Das Gemüse waschen, in feine Streifen schneiden und auf einem Teller bereitstellen. Die Mango schälen, in feine Streifen schneiden und zu dem Gemüse geben.

Tofu in Scheiben schneiden und Sesamöl in einer Pfanne erhitzen. Die Tofuscheiben etwa 3 Minuten knusprig braten. Währenddessen in einer weiteren kleinen Pfanne den Sesam ohne Fett anrösten. Auf einen Teller geben und auskühlen lassen.

Etwas lauwarmes Wasser in eine große Schüssel füllen und 1 Blatt Reispapier darin vollständig für 20 Sekunden eintunken. Dieses auf einen Teller legen, etwas von den Nudeln, dem Gemüse und 1 Stück Tofu in die Mitte des Reispapiers geben. Die seitlichen Ränder zuerst über die Füllung schlagen und dann von unten nach oben vorsichtig, aber fest aufrollen. Mit den restlichen Reisblättern und Zutaten ebenso verfahren. Mit dem Dip genießen.

Weinempfehlung

Einem Gericht mit einigen dominanten Geschmackskomponenten wie Räuchertofu oder salziger Sojasauce sollte man einen **kräftigen Weißwein** zur Seite stellen. Der **Chardonnay „R"** vom rheinhessischen Spitzenweingut Kühling-Gillot fängt die markanten Aromen des Essens mit toller Struktur, Cremigkeit und saftigen Fruchtnoten gekonnt auf.

GRATINIERTER FENCHEL MIT BRATWURST

30 Minuten

Für 2 Personen

» 1 TL Gemüsebrühe (Pulver)
» 2 kleine Fenchelknollen
» 30 g Parmesan
» 2 EL Semmelbrösel
» 1 TL Chiliflocken
» Salz und Pfeffer
» 3 EL Olivenöl
» 3 große festkochende Kartoffeln
» 4 Bratwürste

Zubereitung

Backofen auf 200 °C (Ober-/Unterhitze) vorheizen. In einem kleinen Topf 300 ml Wasser mit der Gemüsebrühe erhitzen. Fenchelknollen waschen. Das Grün abschneiden und fein hacken. Die Fenchelknollen der Länge nach in 1 cm dicke Scheiben schneiden und in der kochenden Gemüsebrühe ca. 4 Minuten garen.

Währenddessen den Parmesan in eine kleine Schüssel reiben und mit Semmelbröseln, Chiliflocken, etwas Salz, Pfeffer und 1 EL Olivenöl vermengen. Fenchel durch ein Sieb abgießen und nebeneinander in eine ofenfeste Form legen. Etwa 4 EL von der Brühe darüber träufeln, das gehackte Fenchelgrün und die Parmesanstreusel über den Fenchel streuen. Den Fenchel im heißen Backofen 20 Minuten goldbraun backen.

Die Kartoffeln waschen, schälen und sehr klein würfeln. Das restliche Olivenöl in zwei Pfannen erhitzen, die Kartoffelwürfel in der einen und die Bratwürste in der anderen Pfanne knusprig braten. Kartoffeln mit Salz und Pfeffer abschmecken. Den Fenchel aus dem Ofen nehmen und alles zusammen servieren.

Tipp

Besonders erwähnenswert bei der Fenchelknolle sind der hohe Gehalt an Vitamin C und Eisen. Fenchel hat beinahe doppelt so viel Vitamin C wie Orangen.

Weinempfehlung

Das Crossover-Gericht mit vielen unterschiedlichen Komponenten verlangt nach einem **mittelkräftigen Rotwein**. **Cuvée Nico rot** vom schwäbischen Weingut J. Ellwanger ist – ebenso wie das Gericht – ein Stilmix: Lemberger und Regent sind heimische Rebsorten, Cabernet Sauvignon stammt aus Frankreich. Als Verschnitt ergeben sie diesen einen dunkelfruchtigen, würzigen Essensbegleiter!

CHICORÉESALAT
MIT GRAPEFRUIT

20 Minuten

Für 2 Personen

Für das Dressing

» 2 EL Orangensaft
» 1 EL Honig
» 1 TL mittelscharfer Senf
» 4 EL Olivenöl
» Salz und Pfeffer

Für den Salat

» 1 Grapefruit
» 2 Köpfe Chicorée
» ¼ Papaya und deren Kerne
» 1 Halloumi (250 g)
» Olivenöl zum Braten

Zubereitung

In einer kleinen Schüssel Saft, Honig und Senf verrühren. Das Olivenöl im dünnen Strahl unterschlagen, mit Salz und Pfeffer würzen und beiseitestellen.

Grapefruit schälen und filetieren. Chicorée waschen und in grobe Stücke schneiden. Papaya halbieren und entkernen, dabei die Kerne in eine kleine Schüssel füllen und schälen. Die Frucht in 1 cm große Würfel schneiden. Chicorée, Papaya und Grapefruit auf einem Salatteller anrichten und mit dem Dressing beträufeln.

Den Halloumi in Scheiben schneiden und in einer Pfanne mit etwas Olivenöl kurz von beiden Seiten scharf anbraten. Diesen auf den angerichteten Salat geben, die Papayakerne darüberstreuen und direkt servieren.

Tipp

Wenn du keine Grapefruit zur Hand hast, kannst du diese auch durch eine Orange ersetzen. Dann wird der Salat etwas süßer.

Weinempfehlung

Hier empfehle ich zur Abwechslung keinen Wein:
Ein **IPA Weizen** von Maisel and Friends passt stattdessen besser. Der Chicorée ist mit seinen leicht bitteren Noten ein klarer Fall für das fruchtige Bier. Wein schmeckt zu diesem Gericht metallisch.

GLASNUDELSALAT
MIT HACKFLEISCH

15 Minuten

Für 2 Personen

- 200 g feine Glasnudeln
- 1,5 cm frischer Ingwer
- 1 Knoblauchzehe
- ½ rote Paprika
- 1 kleine Möhre
- 1 Chilischote
- 1 EL Rapsöl
- 250 g gemischtes Hackfleisch
- Salz und Pfeffer
- 4 EL Sesam
- ½ Limette
- 6 EL Sojasauce
- 1 EL Sesamöl
- 2 Frühlingszwiebeln
- 1 Bund Koriandergrün

Tipp

Wer einen Asienladen in der Nähe hat, kann fermentierte Bohnenpaste – Misopaste – kaufen. Diese gibt den Nudeln noch etwas extra Würze.

Zubereitung

Die Nudeln nach Packungsanleitung garen, abgießen und mit kaltem Wasser abspülen. Währenddessen den Ingwer schälen, in sehr kleine Würfel schneiden und in eine kleine Schüssel geben. Den Knoblauch schälen, fein hacken, zum Ingwer geben.

Paprika und Möhre putzen, waschen und in feine Streifen schneiden. Die Chilischote in feine Ringe schneiden und beides beiseitestellen.

In einer Pfanne 1 EL Rapsöl erhitzen und das Hackfleisch hineingeben. Fleisch ca. 5 Minuten braten und mit einem Kochlöffel krümelig zerteilen. Knoblauch, Ingwer, Möhre und Paprika zum Fleisch in die Pfanne geben, ein paar Minuten anbraten und mit Salz und Pfeffer würzen.

Derweil in einer weiteren Pfanne den Sesam ohne Fett rösten. Limettensaft in eine kleine Schüssel pressen, Sojasauce und Sesamöl dazugeben und vermengen. Die Sauce zu der Gemüse-Hackpfanne geben, die Glasnudeln unterheben und auf zwei Teller verteilen.

Die Frühlingszwiebeln putzen und in feine Ringe schneiden, den Koriander waschen, trocken schleudern, die Blättchen abzupfen und hacken. Zusammen über die Nudeln streuen. Mit Chili und Sesam garnieren.

Weinempfehlung

Asiatische Gerichte, mit einer gewissen Schärfe, prägnanten Gewürzen und salziger Sojasauce, lassen sich hervorragend mit **halbtrockenen deutschen Weißweinen** kombinieren.
Der **„Freestyler 100 % Muskateller"** vom Weingut Beck bringt die richtige Balance aus Süße, Säure und intensiver Frucht mit, um das Gericht perfekt zu begleiten.

REISSALAT MIT CURRY & MANGO

30 Minuten

Für 2 Personen

Für das Dressing

» 1 kleine Zwiebel
» 3 EL Olivenöl
» 1 ½ EL Currypulver
» 1 TL gemahlener Kreuzkümmel
» 1 Bio-Limette
» 1 TL Honig
» Salz und Pfeffer

Für den Salat

» 125 g Basmatireis
» 1 TL Salz
» ½ Mango
» ½ Salatgurke
» 100 g Räuchertofu
» ¼ Bund Koriandergrün

Zubereitung

Den Reis in leicht gesalzenem Wasser nach Packungsanweisung garen und in einer Schüssel abkühlen lassen.

Inzwischen die Zwiebel schälen, in feine Würfel schneiden und in 1 EL Öl andünsten, bis diese glasig werden. Gewürze und 1 große Prise Salz zugeben und mit anschwitzen. Diese Gewürzmischung in eine kleine Schüssel geben und abkühlen lassen.

Die Mango schälen, das Fleisch vom Kern schneiden und klein würfeln. Die Gurke waschen und ebenfalls in kleine Würfel schneiden. Tofu klein würfeln, Koriander waschen, die Blätter abzupfen und hacken.

Für das Dressing die Limettenschale mit einer feinen Reibe in die Schüssel zu den Gewürzen geben und den Saft hineinpressen. Honig und 2 EL Öl dazugeben und mit Salz und Pfeffer würzen. Das Ganze mit dem Reis vermengen. Mango, Gurke, Tofu und Koriander zum Reis geben und alles gut vermischen.

Tipp

Den Salat kann man auch gut mit gehackten Erdnüssen servieren. Am liebsten mag ich ihn noch lauwarm serviert.

Weinempfehlung

Zu diesem Gericht passt ein **Riesling mit Restzucker**. Die Süße des Rieslings harmoniert perfekt mit der Frucht und den asiatischen Gewürzen des Gerichts.

Dazu empfehle ich vom Weingut Barth den **Riesling Fructus.**

MEDITERRANE GNOCCHI-PFANNE

15 Minuten

Für 2 Personen

» 30 g Pinienkerne
» 10 Kirschtomaten
» 1 Handvoll schwarze Oliven (ohne Stein)
» 1 Handvoll Rucola
» 40 g Parmesan
» 2 EL Butter
» 500 g Gnocchi
» Salz und Pfeffer

Zubereitung

Die Pinienkerne in einer Pfanne ohne Fett anrösten und beiseitestellen. Kirschtomaten waschen, trocken tupfen, halbieren und in eine Schüssel geben. Oliven halbieren und zu den Tomaten geben. Rucola waschen, trockentupfen, etwas kleiner zupfen und auch diesen in die Schüssel zu dem Gemüse geben. Parmesan mit einem Messer in grobe Splitter schneiden und beiseitestellen.

Butter in einer Pfanne erhitzen und die (nicht vorgekochten) Gnocchi darin anbraten, bis sie goldbraun sind. Gnocchi mit allen restlichen Zutaten vermengen, mit Salz und Pfeffer würzen und direkt servieren.

Tipp

Im Winter kannst du die Gnocchi-Pfanne mit Wurzelgemüse und Feta kombinieren und mit Sesam garnieren.

Weinempfehlung

Zu der so simplen wie genialen bunten Gnocchi-Pfanne solltet ihr einen **Falanghina** probieren.

Meine Wahl ist der **Falanghina DOC Ca'die Lupi,** ein genialer Begleiter leichter mediterraner Gerichte! Die Rebsorte wurde bereits im antiken Rom angebaut und erlebt im Moment – wie wir finden, zurecht – eine Renaissance.

SUSHI-BOWL MIT LACHS & GEMÜSE

20 Minuten

Für 2 Personen

- 200 g Sushi-Reis
- 2 EL Sesam
- 100 g Zuckerschoten
- 1 EL Sesamöl
- 1 Möhre
- 1 Pfirsich
- ½ Rettich
- ¼ Salatgurke
- 125 g Räucherlachs (alternativ frisches Lachsfilet)
- 100 g eingelegter Ingwer
- Sojasauce

Zubereitung

Den Reis nach Packungsanleitung in leicht gesalzenem Wasser garen. Derweil den Sesam in einer Pfanne ohne Fett anrösten und beiseitestellen.

Die Zuckerschoten waschen. In einer weiteren Pfanne das Sesamöl erhitzen, die Zuckerschoten darin ca. 1 Minute anbraten und auch zum Abkühlen beiseitestellen.

Restliches Gemüse und Obst waschen, die Möhren schälen und mit dem Sparschäler in feine Streifen hobeln, Gurke und Rettich in schmale Stifte schneiden und den Pfirsich klein würfeln.

Den Lachs in mundgerechte Stücke schneiden und zum Gemüse geben. Den abgekochten Reis auf zwei Schüsseln verteilen und Fisch, Gemüse, Obst und eingelegten Ingwer darauf anrichten. Mit Sesam bestreuen und mit der Sojasauce zum Dippen servieren.

Tipp

Dieses Rezept eignet sich hervorragend für eine Resteverwertung. Du kannst jedes Gemüse roh in die Bowl schneiden, ganz nach Lust und Kühlschrank.

Weinempfehlung

Zu Sushi empfehlen viele Sommeliers **trockene Schaumweine**. Zur Sushi-Bowl haben wir einen **Sauvignon Gris** aus dem neuseeländischen Weingut Brancott Estate getrunken, der mit den sehr unterschiedlichen Zutaten im Gericht hervorragend zurechtkommt. Die Rebsorte Sauvignon Gris ist eine Mutation des Sauvignon Blanc und oft noch aromatischer als die Ursprungssorte.

PIZZADILLAS

10 Minuten

Für 2 Personen

» 4 Weizentortillas
» 4 EL Crème fraîche
» Salz und Pfeffer
» 1 Nektarine
» 1 Handvoll Rucola
» 1 Kugel Scamorza (250 g)
» 8 Scheiben Parmaschinken
» 1 EL Olivenöl

Zubereitung

2 Tortillas mit Crème fraîche bestreichen und mit Salz und Pfeffer würzen. Nektarine waschen, den Kern herausschneiden, in feine Scheiben schneiden und diese auf den Tortillas anrichten.

Den Rucola waschen, trockenschütteln und auf den Nektarinen verteilen. Darüber den Scamorza reiben und mit Schinken belegen. Mit den beiden übrigen Tortillas abschließen.

In einer großen Pfanne Olivenöl erhitzen, die Tortillas hineinlegen und bei mittlerer Hitze von beiden Seiten kurz anbraten, bis der Käse zerlaufen ist. Mit der zweiten Tortilla gleich verfahren und beide mit dem Pizzaschneider achteln.

Tipp

Die gefüllten Tortillas lassen sich am leichtesten wenden, indem man einen großen Teller auf die Pfanne legt, diese mit Schwung umdreht und die Tortilla dann langsam wieder in die Pfanne rutschen lasst.

Weinempfehlung

Die Pizzadillas lassen sich gut mit ganz unterschiedlichen Weinen kombinieren: Ein etwas **körperreicherer Weißwein** passt genau so wie ein **Rosé oder ein nicht zu kräftiger Rotwein**. Ich habe mich für den **Malbec Marcel** – Château du Cèdre aus dem südfranzösischen Anbaugebiet Cahors entschieden, der unkompliziert und mit weichem Tannin wie geschaffen ist für das Tex-Mex-Gericht.

BEERENCRUMBLE
MIT MARZIPANSTREUSELN

25 Minuten

Für 2 Personen

- 40 g Marzipanrohmasse
- 80 g Weizenmehl (Type 405)
- 40 g gemahlene Haselnusskerne (alternativ gemahlene Mandeln)
- 60 g Zucker
- ½ TL gemahlener Zimt
- 60 g weiche Butter oder Margarine
- 500 g TK-Beerenmischung

Zubereitung

Den Backofen auf 180 °C (Ober-/Unterhitze) vorheizen. Die Marzipanrohmasse in eine Rührschüssel reiben. Mehl, gemahlene Haselnüsse, Zucker, Zimt und weiche Butter dazugeben und mit den Händen zu Streuseln verkneten.

Die TK-Beeren in eine ofenfeste Form füllen und die Streusel gleichmäßig darüber verteilen. Im heißen Backofen (Mitte) ca. 20 Minuten backen.

Tipp

Dazu passt Vanilleeis.

Weinempfehlung

Zu dieser nicht eben zuckerarmen Gaumenfreude braucht es einen Mitspieler, der mit viel Süße und Cremigkeit unterstützen kann. Ein Dessertwein wie die **Rieslaner Auslese** vom Pfälzer Top-Weingut Reichsrat von Buhl, mit feinsten tropischen Anklängen und Noten nach Trockenfrüchten, kann ich hier sehr ans Herz legen.

HEUTE HAB' ICH ...

Herbst-Blues	Hunger!

DANN PROBIER DOCH...

Kürbis-Bruschetta S. 84	Kartoffel-Risotto mit Steinpilzen S. 86
French Toast mit Apfel und Tiroler Schinken S. 90	Forelle mit Süßkartoffel-pommes S. 88
Milchnudeln mit gelben Pflaumen S. 106	Weißwurst-Brezel-Pfanne S. 82

HERBST

KAKI-CARPACCIO
MIT MARONEN

15 Minuten

Für 2 Personen

Für das Dressing

» 2 EL Orangensaft
» 1 EL Honig
» 1 TL mittelscharfer Senf
» 4 EL Olivenöl
» Salz und Pfeffer

Für das Carpaccio

» 2 große Kaki
» 4 Maronen (geschält)
» ½ kleiner Granatapfel
» 50 g Schafskäse
» 5 Blätter Basilikum

Zubereitung

In einer kleinen Schüssel Saft, Honig und Senf verrühren. Das Olivenöl in dünnem Strahl unterschlagen. Mit Salz und Pfeffer würzen.

Die Kaki waschen und in hauchdünne Scheiben schneiden oder hobeln und fächerartig auf zwei Tellern anrichten. Die Maronen in kleine Würfel schneiden, in einer Pfanne ohne Fett anrösten und über der Kaki verteilen.

Kerne vorsichtig aus dem Granatapfel herauslösen und über die Kaki streuen. Den Schafskäse über das Carpaccio krümeln, die Basilikumblätter zerzupfen und ebenfalls darüberstreuen.

Tipp

Der Granatapfel lässt sich wunderbar zu Saft pressen und kann so auch im Dressing den Orangensaft ersetzen.

Weinempfehlung

Süße, Frucht, Säure, Salz, Fett und Röstaromen machen dieses Gericht zu einem nicht ganz einfachen Kandidaten für den Sommelier. Mein Tipp: Der feine, **leichte Cava Brut Reserva** vom Castillo Perelada aus der Nähe von Barcelona passt super. Wer lieber Stillwein mag, kann einen **leichten Rosé** aus Frankreich dazu trinken.

UDON-NUDELN
MIT ERDNUSS-SAUCE

10 Minuten

Für 2 Personen

- 2 EL gesalzene Erdnusskerne
- 2 EL Sesam
- 10 g frischer Ingwer
- 1 Knoblauchzehe
- 1 große Tomate
- 1 EL Sesamöl
- ½ TL Chiliflocken
- 2 Frühlingszwiebeln
- ½ Bund Koriandergrün
- 2 EL Sojasauce
- ½ Limette
- 2 EL Erdnussmus
- 100 ml Kokosmilch (Dose)
- Salz
- 400 g Udon-Nudeln (frisch)

Zubereitung

Die Erdnusskerne grob hacken, in einer Pfanne mit dem Sesam goldbraun anrösten. Umfüllen und beiseitestellen. Ingwer und Knoblauch schälen und beides fein hacken. In der Pfanne Sesamöl erhitzen und bei mittlerer Temperatur Ingwer, Chiliflocken und Knoblauch anschwitzen.

Derweil die Tomate waschen, in kleine Würfel schneiden und in die Pfanne geben. Frühlingszwiebeln waschen, putzen und in feine Ringe schneiden, Koriander waschen, trocken schütteln und hacken. Beides beiseitestellen. Nudeln in eine Schüssel geben, mit heißem Wasser übergießen und 1–2 Minuten ziehen lassen.

2 EL Erdnussmus in die Pfanne geben und gut vermengen. Limettensaft hineinpressen. Sojasauce und Kokosmilch einrühren, bis die Sauce schön cremig ist.

¾ der Frühlingszwiebeln mit einrühren, die Nudeln abgießen und zu der Erdnuss-Sauce in die Pfanne geben. Alles gut vermengen und kurz weiterbraten. Die Nudeln auf 2 Teller verteilen, mit den restlichen Frühlingszwiebeln, Koriander und der Sesam-Erdnussmischung garniert servieren.

Tipp

Du kannst dir zu diesem Gericht natürlich auch anderes Gemüse mit anbraten. Udon-Nudeln sind vorgekocht und eingeschweißt im Supermarkt zu erhalten und sehr lange ungekühlt haltbar, was sie umso attraktiver für deinen Vorratsschrank macht.

Weinempfehlung

Sake ist ein hervorragender Speisebegleiter. Aufgrund seiner Herkunft lässt er sich natürlich besonders gut mit japanischen Gerichten kombinieren. Als Sake-Einsteiger wählt man am besten ein Produkt wie den **‚Bambus Tau'** der Takenotsuyu Brauerei, der einerseits ein toller Allrounder für vegetarische Gerichte ist und andererseits den Gaumen nicht überfordert.

WEISSWURST-BREZEL-PFANNE

15 Minuten

Für 2 Personen

Für das Dressing

» 2 EL Weißweinessig
» 4 EL süßer Senf
» 4 EL Sonnenblumenöl
» Salz und Pfeffer

Für die Wurstpfanne

» 8 Radieschen
» ½ Bund Schnittlauch
» 2 Brezeln
» 2 Paar Weißwürste
» 2 EL Butter (alternativ Sonnenblumenöl)

Zubereitung

In einer kleinen Schüssel alle Zutaten für das Dressing verrühren und beiseitestellen.

Radieschen waschen und in feine Scheiben schneiden oder hobeln. Schnittlauch waschen, trocken schütteln, klein hacken und mit den Radieschen in eine große Schüssel geben. Weißwürste pellen und in feine Scheiben schneiden. Brezeln in Scheiben schneiden.

In einer großen Pfanne die Butter erhitzen und Weißwurst und Brezelstücke darin anbraten, bis sie goldbraun sind. Beides mit in die große Schüssel geben und abschließend alles gut mit dem Dressing vermengen.

Tipp

Hier empfehle ich, Brezeln vom Vortag zu verwenden.

Weinempfehlung

Ein **sehr leichter Rotwein** ist die richtige Wahl zu dieser herzhaften Mahlzeit. Ich habe mich für eine bayrisch-schwäbische Liaison entschieden: Der fruchtige, unkomplizierte **Trollinger Gundelsbach** vom Bio-Weingut Klopfer aus Weinstadt nahe Stuttgart hat bei der Verkostung zu diesem Gericht geschmacklich überzeugt.

KÜRBIS-BRUSCHETTA
MIT RICOTTA

15 Minuten

Für 2 Personen

» 1 kleines Baguette
» 2 Knoblauchzehen
» 4 EL Olivenöl
» ½ kleiner Hokkaidokürbis
» 200 g Ricotta
» ½ Kästchen Kresse
» Salz und Pfeffer
» 2 EL flüssiger Honig

Zubereitung

Backofen auf 180 °C (Ober-/Unterhitze) vorheizen. Baguette längs halbieren, beide Hälften mit 2 EL des Olivenöls beträufeln und auf ein mit Backpapier ausgelegtes Blech für ca. 7 Minuten im Ofen rösten.

Inzwischen Knoblauch schälen und 1 Zehe halbieren, die andere fein hacken. Den Kürbis waschen, entkernen und in 1 cm große Würfel schneiden.

In einer Pfanne das restliche Olivenöl erhitzen, darin die Kürbiswürfel und den gehackten Knoblauch anbraten, bis der Kürbis braun geröstet und weich ist. Mit Salz und Pfeffer abschmecken.

Das Baguette aus dem Ofen holen und beide Hälften mit dem halbierten Knoblauch einreiben. Das Baguette dick mit Ricotta bestreichen und mit den Kürbiswürfeln belegen. Die Kresse darüberstreuen und mit dem flüssigen Honig beträufeln.

Tipp

Dieses Rezept kannst du mit gerösteten Walnusskernen verfeinern.

Weinempfehlung

Ein Weißwein mit Substanz und Säuregerüst steht dieser feinen Vorspeise gut zur Seite. Wie zum Beispiel ein **Vermentino**.

Meine Empfehlung ist der **Vermentino die Sardegna** von Antonella Corda. Er erfüllt seine Bestimmung bei Tisch und glänzt mit herber, beinahe salziger Mineralität, rassiger Säure und feinsten tropischen und zitrischen Noten nach Papaya, Grapefruit und Ananas.

KARTOFFELRISOTTO MIT STEINPILZEN

30 Minuten

Für 2 Personen

» 450 g neue Kartoffeln
» 2 kleine Zwiebeln
» 1 Knoblauchzehe
» 200 g Steinpilze
» 2 EL Olivenöl
» Salz und Pfeffer
» ½ TL frisch geriebene Muskatnuss
» 45 ml Weißwein
» 400 ml Gemüsefond
» 40 ml Schlagsahne
» 30 g Parmesan
» 40 g Scamorza
» 3 Zweige Thymian
» 1 EL Butter
» 1 Scheibe Bauernbrot

Zubereitung

Kartoffeln schälen und in kleine Würfel schneiden. Zwiebeln und Knoblauch schälen und fein würfeln. Pilze putzen und diese in daumendicke Würfel schneiden.

Olivenöl in einer Pfanne erhitzen und 1 Zwiebel mit dem Knoblauch darin andünsten. Kartoffelwürfel zugeben und kurz mitdünsten. Mit Salz, Pfeffer und Muskatnuss würzen und mit dem Wein ablöschen. Den Wein einkochen lassen, die Gemüsebrühe zugeben und unter Rühren ca. 10 Minuten köcheln lassen. Anschließend die Sahne einrühren.

In der Zwischenzeit die restliche Zwiebel in einer Pfanne mit Olivenöl andünsten, die Hitze erhöhen, die Pilze scharf anbraten und beiseitestellen. Beide Käsesorten reiben. Den Thymian waschen, trocken schütteln und die Blätter abzupfen, hacken.

Butter in einer kleinen Pfanne erhitzen, die Scheibe Brot in ca. 1 cm große Würfel schneiden und darin anrösten. Thymian dazugeben und vom Herd nehmen. Nun den Käse mit den Kartoffeln vermengen, mit Salz und Pfeffer abschmecken. Das Risotto auf zwei Teller verteilen und mit Pilzen, Brotcroutons und Thymian bestreuen.

Tipp

Zitronenabrieb gibt dem Gericht ein wenig Frische, und wer es noch ein bisschen grüner mag, gibt gegen Ende der Garzeit 100 g Babyspinat dazu.

Weinempfehlung

Der leicht rauchige Käse in diesem Gericht braucht einen **saftigen** und **trockenen Rotwein**.

Dazu empfehle ich vom Weingut Topf einen **Zweigelt trocken.** Mit dem samtig-erdigen Zweigelt aus dem österreichischen Kamptal machst du hier alles richtig.

FORELLE MIT SÜSSKARTOFFELPOMMES

20 Minuten

Für 2 Personen

- 2 Süßkartoffeln
- 4 EL Rapsöl
- 3 Zweige Thymian
- ½ Bund Petersilie
- 1 Schalotte
- 4 EL Rapsöl
- 2 Forellenfilets
- 3 EL Butter
- 4 EL Mandelblättchen
- ½ Bio-Orange
- Salz und Pfeffer

Zubereitung

Backofen auf 80 °C (Ober-/Unterhitze) vorheizen. Thymian und Petersilie waschen, trocken schütteln, die Blätter von den Stielen zupfen und fein hacken. Schalotte schälen und klein würfeln. Süßkartoffeln schälen und zu Pommes schneiden.

Rapsöl in einer Pfanne erhitzen und die Süßkartoffelpommes darin braten, bis sie knusprig braun sind. Derweil in einer weiteren großen Pfanne 2 EL Butter erhitzen und die Schalotte darin andünsten. Die Forellenfilets von beiden Seiten salzen und pfeffern, zu der Schalotte in die Pfanne geben und die Filets von beiden Seiten je 2 Minuten anbraten, bis sie goldbraun sind. Die Forellenfilets aus der Pfanne nehmen und auf einem Teller kurz im Ofen warmhalten.

Noch 1 EL Butter in die Pfanne geben und die Mandelblättchen darin anrösten. Orange heiß waschen und die Schale abreiben. Dann den Saft auspressen. 1 EL Schalenabrieb und 2 EL des Saftes in die Buttersauce geben. Diese nochmal kurz aufkochen, mit Salz und Pfeffer abschmecken und Petersilie und Thymian einrühren. Die Forelle aus dem Ofen nehmen, die Sauce darüber geben und mit den Süßkartoffelpommes servieren.

Tipp

Die Süßkartoffeln werden schnell weich.
Deswegen lieber kurz und bei starker Hitze braten.

Weinempfehlung

Diese spannende Abwandlung des Klassikers „Forelle Müllerin Art" verträgt einen ebenso spannenden Wein als Partner, wie zum Beispiel einen **zitrischen Furmint**.

Mein Favorit ist der **Furmint „Single Vineyard 7"**, der zum gebratenen Fisch und der gehaltvoll-fruchtigen Sauce mit eleganter Säure, feinen würzigen Noten und zitrischen Aromen glänzt.

FRENCH TOAST MIT APFEL & TIROLER SCHINKEN

10 Minuten

Für 2 Personen

- » 1 kleiner Apfel (z. B. Boskop)
- » 4 Scheiben Bauernbrot
- » 4 Scheiben Gouda
- » 4 Scheiben Tiroler Schinken
- » Salz und Pfeffer
- » 1 Handvoll Walnusskerne
- » 3 Eier (Größe M)
- » 3 EL Milch
- » 2 EL Butter
- » 8 Salbeiblätter

Zubereitung

Apfel waschen, halbieren, entkernen und in dünne Scheiben schneiden. Walnüsse hacken.

Zwei Bauernbrotscheiben mit Gouda, Schinken, Apfelscheiben und Walnüssen belegen, salzen und pfeffern und mit den zwei übrigen Brotscheiben belegen und gut festdrücken. Eier und Milch in einer kleinen Schüssel verquirlen und mit Salz und Pfeffer würzen. Die belegten Brotscheiben vorsichtig darin wenden.

Butter in einer großen Pfanne erhitzen und die Brote von jeder Seite ca. 2 Minuten knusprig braten. Brote herausnehmen und in dem restlichen Fett die Salbeiblätter ganz kurz frittieren und auf den Broten verteilen.

Tipp

Ich beträufle die Brote gerne noch mit Honig, um etwas mehr Süße reinzubringen.

Weinempfehlung

Eine wahres Potpourri an verschiedenen süßen, herzhaften und würzigen Zutaten versammeln sich in diesem leckeren Sandwich für den großen Hunger. Dazu passt ein **Rotwein**, der zwar nicht zu mächtig ist, jedoch bei der Vielzahl an unterschiedlichen Aromen mithalten kann. Der frische, elegante **Lemberger trocken Gutswein** vom Untertürkheimer Weingut Wöhrwag ist meine Empfehlung.

FLAMMKUCHEN MIT FEIGE & ZIEGENKÄSE

30 Minuten

Für 2 Personen

- 1 Flammkuchenteig (Kühlregal)
- 200 g Schmand
- Salz und Pfeffer
- 1 Rolle Ziegenkäse
- 3 Feigen
- 1 Handvoll Heidelbeeren
- 1 Handvoll Walnusskerne
- 2 EL Honig
- 3 Zweige Thymian

Zubereitung

Backofen auf 180 °C (Ober-/Unterhitze) vorheizen. Den Flammkuchenteig ausrollen und auf ein mit Backpapier ausgelegtes Backblech geben. Schmand gleichmäßig auf den Teig streichen und mit Salz und Pfeffer würzen.

Den Ziegenkäse in 1 cm dicke Scheiben schneiden und auf dem Teig verteilen. Die Feigen waschen, in feine Scheiben schneiden und auch auf dem Teig verteilen. Heidelbeeren waschen, verlesen und darüberstreuen. Walnüsse ebenso auf dem Teig verteilen und den Honig darüber träufeln. Die Thymianblätter von den Zweigen zupfen und darüberstreuen.

Den Flammkuchen in den heißen Backofen (Mitte) schieben und ca. 20 Minuten backen, bis der Rand leicht braun und knusprig ist.

Tipp

Auch mit Birne und Gorgonzola ergibt es eine leckere Variante.

Weinempfehlung

Ein **mineralischer Riesling** und Flammkuchen sind einfach ein tolles Paar. Deswegen empfehle ich den Jakob Jung **Riesling „Trumpf"** aus der Edition Baron von Essen.

BLUMENKOHL-CURRY
MIT REIS

20 Minuten

Für 2 Personen

- 200 g Basmatireis
- 1 EL Butter
- 3 Nelken
- 2 Kardamomkapseln
- Salz
- 1 kleiner Blumenkohl
- 1 Zwiebel
- 1 Knoblauchzehe
- 3 EL Olivenöl
- 2 EL Tomatenmark
- 400 ml Gemüsefond
- 300 ml Kokosmilch (Dose)
- 2 TL edelsüßes Paprikapulver
- 1 TL gemahlene Kurkuma
- 2 EL Currypulver
- Pfeffer
- 100 g TK-Erbsen
- 2 EL Cashewkerne

Zubereitung

Basmatireis in einem Sieb waschen. In einem kleinen Topf Butter erhitzen, die Nelken und die Kardamomkapseln kurz darin anrösten, den Reis zugeben und ebenso kurz anbraten. Mit 400 ml Wasser ablöschen und 1 ½ TL Salz dazugeben. Zugedeckt aufkochen und dann bei niedriger Hitze ca. 10 Minuten köcheln lassen, vom Herd nehmen und bis zum Verzehr quellen lassen.

Blumenkohl waschen und in Röschen schneiden. Zwiebel und Knoblauch schälen und in feine Würfel schneiden. Olivenöl in einer großen Pfanne erhitzen und Zwiebel und Knoblauch darin andünsten, Tomatenmark dazugeben und kurz anrösten. Blumenkohl dazugeben und kurz anbraten. Mit Gemüsefond und Kokosmilch ablöschen und aufkochen lassen.

Paprikapulver, Kurkuma, Curry und Pfeffer hinzufügen und alles ca. 10 Minuten köcheln lassen. Immer wieder umrühren und am Schluss die Erbsen hinzufügen. Weitere 5 Minuten köcheln lassen. Derweil die Cashewkerne grob hacken, in einer Pfanne ohne Öl kurz anrösten und über das fertige Curry streuen. Mit dem Gewürzreis servieren.

Tipp

Wenn du Blumenkohl abkochst, kannst du ein Lorbeerblatt mit ins Wasser geben. Das minimiert den strengen Kohlgeruch.

Weinempfehlung

Zu Curry geht immer ein **Riesling Kabinett** oder eine **Spätlese**. Wer mutig ist, sollte den **Solara Orange Wine** vom rumänischen Erzeuger Cramele Recas ausprobieren. Die Bezeichnung *Orange* rührt von der Farbe des Weins, der, eigentlich ein Weißwein, wie ein Rotwein hergestellt wird. Die Kräuterwürze sowie Noten von Orange, kandierten Früchten und Honig passen hervorragend zum Curry.

GNOCCHI
MIT KÜRBISSAUCE

25 Minuten

Für 2 Personen

- ½ kleiner Hokkaidokürbis
- 1 Schalotte
- 2 Knoblauchzehen
- 4 EL Olivenöl
- 200 ml Kokosmilch (Dose)
- frisch geriebene Muskatnuss
- Salz und Pfeffer
- 400 g Gnocchi
- 1 Bund Salbei
- 2 EL Kürbiskerne

Zubereitung

Kürbis waschen, entkernen und ein Drittel davon in feine Schnitze schneiden, den Rest klein würfeln. Schalotte und Knoblauch schälen und fein hacken.

In einem großen Topf 1 EL Olivenöl erhitzen, Zwiebel und Knoblauch darin andünsten, Kürbiswürfel dazugeben und mitbraten, bis sie weich sind. Mit der Kokosmilch ablöschen und kurz aufkochen lassen. Mit einem Stabmixer alles fein pürieren und mit 1 Prise Muskatnuss, Salz und Pfeffer abschmecken.

2 EL Olivenöl in einer Pfanne erhitzen und die Gnocchi (nicht vorgekocht) darin knusprig braten. Gnocchi herausnehmen und mit dem Kürbispüree vermengen. Kürbisspalten, Salbeiblätter und Kürbiskerne kurz in der noch heißen Pfanne mit 1 EL Olivenöl anbraten und mit den Gnocchi anrichten.

Tipp

Für ein bisschen mehr Pep kannst du ein paar Chiliflocken darüberstreuen.

Weinempfehlung

Zu den cremigen Gnocchi mit Kürbis sollte man einen **Spätburgunder** kombinieren. Ich empfehle dazu den **Spätburgunder Holzfass** vom Weinhaus Luisenberg – eine wunderbare Kombination! Im kleinen Weinbaugebiet Saale-Unstrut in Sachsen-Anhalt erzeugt die Familie Weigel feine Traminer, Chardonnay, Zweigelt und diesen hervorragenden Spätburgunder.

ARTISCHOCKEN-PASTA

15 Minuten

Für 2 Personen

- » 300 g feine Bandnudeln
- » Salz und Pfeffer
- » 200 g Artischockenherzen (Glas)
- » 30 g Grana Padano
- » 4 Zweige Thymian
- » 1 Knoblauchzehe
- » 3 EL Butter
- » 2 EL Kapern
- » ½ Zitrone
- » Salz und Pfeffer

Zubereitung

Die Nudeln nach Packungsanleitung in leicht gesalzenem Wasser garen. Die Artischockenherzen trockentupfen und halbieren, den Grana Padano reiben. Den Thymian waschen, trocken schütteln, Blättchen von den Zweigen zupfen. Knoblauch schälen und fein hacken.

1 EL Butter in einer großen Pfanne erhitzen und den Knoblauch darin andünsten. Die restliche Butter hinzufügen und schmelzen lassen. Die Nudeln abgießen und zu der Butter in die Pfanne geben.

Artischocken, Grana Padano, Thymian und Kapern dazugeben und gut vermengen. Den Saft der Zitrone auspressen und über die Nudeln geben. Mit Salz und Pfeffer abschmecken und servieren.

Tipp

Eingelegte Sardellen sind ein toller Begleiter zu diesem Gericht.

Weinempfehlung

Artischocken und Kapern sind in der Regel schwierige Partner für Wein. Rotwein ist nicht zu empfehlen, den salzigen Kapern sollte man dennoch etwas entgegensetzen. Der saftig-fruchtige **Studio by Miraval – Rosé 2019** aus der Provence vom Weingut des einstmaligen Hollywood-Pärchens Angelina Jolie und Brad Pitt macht zum Pastagericht eine ziemlich gute Figur.

GEBRATENE POLENTA
MIT PFIFFERLINGEN

30 Minuten

Für 2 Personen

Für die Polentaschnitten

- 1 Knoblauchzehe
- 2 Zweige Rosmarin
- 300 ml Gemüsefond
- 100 g Polenta
- 30 g Schmand
- 2 EL Olivenöl
- Salz und Pfeffer

Für die Pfifferlingssauce

- 300 g Pfifferlinge
- 1 Schalotte
- 2 EL Butter
- 2 EL Aceto balsamico bianco
- 120 g Schmand
- 1 Zweig Thymian

Zubereitung

Den Backofen auf 200 °C (Ober-/Unterhitze) vorheizen. Knoblauch schälen und fein hacken. Rosmarin waschen und trockentupfen, die Nadeln abzupfen und fein hacken.

Gemüsefond in einem Topf aufkochen, Polenta einrühren und solange rühren, bis ein dicker Brei entsteht. Schmand, Knoblauch und Rosmarin einrühren und mit Salz und Pfeffer abschmecken. Eine ofenfeste Form mit etwas Öl bestreichen und die Polenta hineingeben, glattstreichen und 20 Minuten im Ofen backen.

Derweil die Pfifferlinge putzen. Die Schalotte schälen und klein hacken. In einer Pfanne 1 EL Butter erhitzen, die Pfifferlinge darin anbraten, dann die Schalotte dazugeben und glasig anschwitzen. Mit Balsamico ablöschen und diesen verkochen lassen. Schmand dazugeben, alles gut umrühren und etwas köcheln lassen. Mit Salz und Pfeffer abschmecken und den Thymian hineinzupfen. Polenta aus dem Ofen nehmen. In einer weiteren Pfanne 1 EL Butter erhitzen, Polenta vorsichtig in Stücke schneiden und von beiden Seiten goldbraun braten. Zusammen mit der Pfifferlingssauce servieren.

Tipp

Wenn's noch schneller gehen soll, kannst du die Polenta als Creme lassen und direkt so servieren.

Weinempfehlung

Das feine Pilzaroma der Pfifferlinge verlangt nach einem **trockenen, nicht zu fordernden Weißwein**. Zum italienischen Speiseklassiker lässt sich ein regionaler Wein kombinieren: Am wunderschönen, sonnenverwöhnten Gardasee gewachsen, ist der **Lugana** von Bertagna mit Frische, Leichtigkeit und feinsten Noten nach weißen und gelben Früchten die erste Wahl!

CAMEMBERT IM BLÄTTERTEIGMANTEL

30 Minuten

Für 2 Personen

Für den Camembert
- » 1 Rolle Blätterteig (Fertigprodukt)
- » 2 runde Camembert (à 150 g)
- » 6 EL Brombeerkonfitüre
- » 1 EL Sonnenblumenöl

Für das Dressing
- » ½ rote Zwiebel
- » ½ Bio-Zitrone
- » 1 EL Weißweinessig
- » 1 EL Honig
- » 2 EL Olivenöl
- » ½ TL Chiliflocken
- » Salz und Pfeffer

Für den Salat
- » 150 g Babyspinat
- » 100 g Brombeeren
- » 1 EL Butter
- » 1 Pitabrot
- » 1 Handvoll Cashewkerne

Zubereitung

Backofen auf 200 °C (Ober-/Unterhitze) vorheizen. Den Blätterteig ausrollen und zwei ca. 15 x 15 cm große Stücke ausschneiden. Die Camembert auf die Teigstücke legen und mit der Brombeerkonfitüre bestreichen. Die Teigenden zur Mitte hin falten und oben zusammennehmen, sodass der Camembert komplett verpackt ist. Die Camembertpäckchen auf ein mit Backpapier ausgelegtes Blech setzen und mit etwas Öl bestreichen. Im Ofen für ca. 20 Minuten backen.

Derweil die Zwiebel schälen und in feine Ringe schneiden. In einer Schüssel Zitronensaft, Essig und Honig verrühren. Das Olivenöl in dünnem Strahl unterschlagen. Mit Chili, Salz und Pfeffer würzen, die Zwiebelringe zugeben und beiseitestellen.

Spinat und Brombeeren waschen, trockentupfen, verlesen und in eine Salatschüssel geben. Das Pitabrot in ca. 3 cm große Stücke reißen und die Cashewkerne grob hacken. In einer Pfanne die Butter erhitzen und Brot mit Cashewkernen ein paar Minuten darin goldbraun rösten. Mit Salz würzen. Nun alle Zutaten vermengen und auf Tellern anrichten. Die Camembertpäckchen aus dem Ofen holen und dazu servieren.

Tipp

Eine tolle Variante: Datteln und gehackten Mandeln statt Beeren und Cashewkernen. Und als Essigersatz Sumach ausprobieren.

Weinempfehlung

Ein **fruchtig-mineralischer Riesling** passt hervorragend zu dem cremigen Camembert im Teigmantel mit herrlich beerig-nussigem Spinatsalat.

Dazu empfehle ich einen meiner absoluten Lieblingsweine, den **Riesling Paulinshofberger trocken** von Botzet. Was für ein Match! Wetten, da springt der Funke über?

ZANDERFILET MIT KRÄUTERKRUSTE & BOHNEN

25 Minuten

Für 2 Personen

Für den Fisch

» 1 ½ Bio-Zitronen
» 2 Zanderfilets (à 200 g)
» 2 EL körniger Senf
» ½ Bund glatte Petersilie
» 3 Zweige Thymian
» 6 EL Butter
» 6 EL Semmelbrösel
» Salz und Pfeffer

Für die Bohnen

» 2 große Tomaten
» 1 Zwiebel
» 1 Knoblauchzehe
» 4 EL Olivenöl
» 2 EL Weißweinessig
» 350 g Riesenbohnen (Glas)
» ½ Bio-Zitrone
» 1 TL Zucker
» ½ Bund glatte Petersilie

Tipp

Ich rühre auch gerne mal etwas Tomatenmark in das Bohnengemüse ein.

Zubereitung

Backofen auf 180 °C (Ober-/Unterhitze) vorheizen. 1 Zitrone in dünne Scheiben schneiden und in einer ofenfesten Form auf dem Boden auslegen. Fischfilets mit einem Küchenpapier abtupfen und beide Seiten mit Salz und Pfeffer würzen. Zanderfilets auf die Zitronenscheiben legen, mit Senf bestreichen.

Petersilie und Thymian waschen, trocken schütteln und klein hacken. 4 EL Butter in einem kleinen Topf erhitzen, Semmelbrösel, Kräuter, Salz und Pfeffer hinzufügen und vermengen. Die Kräuterbrösel auf den beiden Fischfilets verteilen.

Die restliche Butter erhitzen, den Saft der ½ Zitrone hineinpressen und etwas salzen. Die Butter-Zitronen-Sauce neben den Fisch in die Form gießen. Nun den Fisch im Ofen für 15–20 Minuten backen, bis die Kräuterkruste knusprig braun wird.

In der Zwischenzeit die Tomaten waschen und in daumendicke Würfel schneiden. Zwiebeln und Knoblauch schälen, fein würfeln, in einer Pfanne mit 1 EL Öl andünsten und mit Weißweinessig ablöschen. Tomaten und Bohnen in die Pfanne geben und kurz mit anbraten. Das restliche Öl hinzugeben, den Saft der ½ Zitrone hineinpressen und mit Zucker, Salz und Pfeffer würzen. Zum Schluss die Petersilie waschen, trocken schütteln, klein hacken und unterrühren. Den Fisch aus dem Ofen nehmen und mit den Bohnen servieren.

Weinempfehlung

Der edle Fisch mit der würzigen Kräuterkruste braucht einen Wein, der den zarten Geschmack weder überlagert noch neben kräftigen Gewürzen und Röstaromen untergeht. Ein **trockener Weißburgunder** ist eine gute Wahl. Mein Tipp ist der **Weißburgunder Pino Bianco** vom Südtiroler Weingut Hofstätter, der mit seinem Duft nach Kernobst zum herbstlichen Fischgericht brilliert.

MILCHNUDELN MIT GELBEN PFLAUMEN

25 Minuten

Für 2 Personen

Für die Nudeln

» 1 Vanilleschote
» 40 g Zucker
» 2 EL Butter
» 700 ml Milch
» 200 g dicke Bandnudeln

Für das Kompott

» 4 große gelbe Pflaumen
» 4 EL Apfelsaft
» 2 EL Zucker
» ¼ TL gemahlener Zimt
» 1 Msp. Chiliflocken
» 1 TL Stärke

Zubereitung

Vanilleschote längs aufschneiden, das Mark herauskratzen und beides mit Zucker, Butter und Milch in einem Topf erhitzen. Sobald die Milch kocht, Nudeln zugeben und bei mittlerer Hitze 20 Minuten kochen, bis die Milchsauce eingedickt ist, und die Nudeln gar sind. Dabei immer wieder rühren.

Derweil die Pflaumen waschen, entkernen und in kleine Würfel schneiden. Pflaumenwürfel in einem kleinen Topf bei mittlerer Temperatur erhitzen, mit Apfelsaft ablöschen und bei mittlerer Hitze leicht köcheln lassen. Zucker, Zimt und Chili unterrühren. Die Stärke in etwas Wasser auflösen, zum Kompott geben und nochmal aufkochen lassen. Die Nudeln vom Herd nehmen und mit dem Kompott servieren.

Tipp

Für ein besonderes Aroma empfehle ich, die Pflaumen mit Nelken, Kardamom und Kurkuma zu verfeinern.

Weinempfehlung

Auch hier beherzige ich die alte Faustregel der Sommeliers, dass der Wein mindestens so süß sein sollte wie das Dessert. Deswegen ist hier eine **Auslese** zu empfehlen. Ob Traminer oder Riesling – wichtig ist, dass der Wein süßer als die Speise ist. Die **Traminer Auslese** vom österreichischen Weingut Kracher begleitet diesen leckeren Liebling ganz ausgezeichnet.

MÖCHTEST DU HEUTE…

Fleisch	Vegetarisch

DANN PROBIER DOCH…

Fleisch	Vegetarisch
Hähnchen in Speck mit Reis und Apfel S. 126	Schupfnudeln mit Spitzkohl S. 124
Hackbällchen in Sherry-Sauce S. 132	Blumenkohltaler mit Gurkensalat S. 130
Räucherlachs mit Gemüserösti S. 120	Aramäische Linsensuppe S. 116

WINTER

FELDSALAT MIT BIRNE & WALNUSS

15 Minuten

Für 2 Personen

Für das Dressing

- 2 EL Weißweinessig
- 1 EL Honig
- 2 EL Sahne
- 1 EL Olivenöl
- Salz und Pfeffer

Für den Salat

- 2 EL Walnusskerne
- ½ Birne
- 300 g Feldsalat
- 2 EL Speckwürfel
- 2 EL Olivenöl
- ½ Ziegenkäserolle

Zubereitung

In einer Schüssel Essig, Honig und Sahne verrühren. Das Olivenöl in dünnem Strahl unterschlagen. Mit Salz und Pfeffer würzen.

Die Walnusskerne grob hacken und in einer Pfanne ohne Öl anrösten, herausnehmen und auf einem Teller abkühlen lassen. Die Birne waschen, entkernen und in kleine Würfel schneiden. Den Salat waschen, trockenschleudern und mit der Vinaigrette vermengen.

Den Salat auf den Tellern anrichten, die Birne darauf verteilen und mit den gehackten Walnüsse bestreuen.

In einer kleinen Pfanne die Speckwürfel ohne Fett anbraten und dann über den Salat geben. Derweil das Olivenöl in einer weiteren Pfanne erhitzen, den Ziegenkäse in vier dicke Scheiben schneiden und von beiden Seiten kurz anbraten, bis er knusprig braun wird, und vorsichtig aus der Pfanne heben. Die Ziegenkäsescheiben auf den Salat geben und direkt servieren.

Tipp

Den Feldsalat solltest du vorsichtig im Waschbecken in kaltem Wasser schwenken, um ihn zu säubern. So werden die feinen Blättchen nicht zerstört, und er bleibt frisch.

Weinempfehlung

Süße, Säure, Frucht und Bratatomen eröffnen für den Gourmet ein weites Feld an Möglichkeiten. Daher empfiehlt sich ein **trockener Weißwein**. Jedoch möchten wir auf eine besondere Rebsorte hinweisen, die gut in der Kombination passt: Der **Jurançon Grain Sauvage Sec 2019** – ein rassiger, eleganter Weißwein aus dem kaum bekannten Weinbaugebiet Jurançon im Südwesten Frankreichs.

GRIESSKLÖSSCHEN-SUPPE

10 Minuten

Für 2 Personen

- 800 ml Gemüsefond
- 2 Stängel glatte Petersilie
- 250 ml Milch
- 3 EL Butter
- Salz und Pfeffer
- 1 Ei (Größe M)
- 100 g Hartweizengrieß
- frisch geriebene Muskatnuss

Zubereitung

Gemüsefond in einem Topf erhitzen. Petersilie waschen, trockenschütteln, hacken und beiseitestellen.

In einem weiteren Topf Milch, Butter, gehackte Petersilie, etwas Pfeffer, Salz und 1 Priese Muskatnuss zum Kochen bringen.

Das Ei hineinschlagen, den Grieß unter verrühren dazugeben und etwas abkühlen lassen. Mit zwei Esslöffeln die Grießklößchen aus der Masse formen und in die heiße Brühe geben.

Die Brühe mit den Klößchen 10 Minuten bei schwacher Hitze ziehen lassen, mit etwas Petersilie bestreuen und direkt servieren.

Tipp

Wenn du magst, kannst du blanchierten Spinat in den Klößchenteig geben.

Weinempfehlung

Zu diesem Gericht empfehle ich einen **trockenen Sauvignon Blanc**. Meine Wahl ist der **Sauvignon Blanc Hohentwieler Olgaberg Trocken** vom Staatsweingut Meersburg. Unter den weißen und roten Weinen, die wir für die Grießklöchensuppe probiert haben, gefiel mir der Sauvignon Blanc mit Abstand am besten. Ausprobieren!

LAMM MIT OFENGEMÜSE
& JOGHURT-MINZ-DIP

20 Minuten

Für 2 Personen

Für das Ofengemüse

» 1 große Süßkartoffel
» 10 Rosenkohlröschen
» 4 EL Olivenöl
» Salz und Pfeffer
» ½ Granatapfel
» 1 Handvoll Haselnusskerne

Für den Dip

» 1 Handvoll frische Minze
» 150 g Joghurt (3,5 %)
» 2 EL Olivenöl
» Zucker
» ½ Bio-Zitrone
» Salz und Pfeffer

Für die Spieße

» 2 Lammlachse (à 180 g)
» 2 Zweige Rosmarin
» 1 Knoblauchzehe
» 4 EL Olivenöl
» Pfeffer und Salz

Zubereitung

Backofen auf 180 °C (Ober-/Unterhitze) vorheizen. Süßkartoffel schälen und in 2 cm große Würfel schneiden. Rosenkohl waschen, putzen und die Röschen halbieren. Das Gemüse in einer Schüssel mit Olivenöl, Salz und Pfeffer vermengen und auf ein mit Backpapier ausgelegtes Blech geben. Für 15–20 Minuten im heißen Ofen garen.

Derweil die Granatapfelkerne herauslösen. Haselnusskerne grob hacken und in einer Pfanne ohne Öl anrösten. Minze waschen, fein hacken und mit Joghurt, Olivenöl und 1 Prise Zucker in einer kleinen Schüssel vermengen. Den Saft der Zitrone dazu pressen und mit Salz und Pfeffer abschmecken.

Die Lammlachse trockentupfen, in 3 cm große Würfel schneiden, auf Spieße stecken und mit Salz und Pfeffer von allen Seiten würzen. Rosmarin waschen und trockentupfen. Knoblauch schälen und mit einem Messer andrücken. In einer Pfanne Olivenöl erhitzen, Rosmarin, Knoblauch und Lammlachse hineingeben und bei starker Hitze je Seite ca. 1 Minute scharf anbraten. Immer wieder mit einem Löffel das Öl über die Spieße geben, so bekommen sie das Aroma von Rosmarin und Knoblauch. Die Lammspieße vom Herd nehmen und in der Pfanne 3 Minuten ruhen lassen.

Das Gemüse aus dem Ofen holen und mit den Lammspießen anrichten. Mit Granatapfelkernen und Haselnüssen bestreuen und mit dem Joghurt-Minz-Dip beträufeln.

Weinempfehlung

Zum zarten, würzigen Lamm und den unterschiedlichen Komponenten dieser kräftigen Mahlzeit ist ein **Rotwein** gefragt, der geschmacklich und kraftvoll mitziehen kann. Der perfekte Kandidat ist der **Côtes du Rhône Saint Esprit** – Delas Frères, der mit Power, viel dunkler Frucht und seidigem Tannin die Aromen des Gerichts hervorragend unterstützt.

ARAMÄISCHE LINSENSUPPE

30 Minuten

Für 2 Personen

- 200 g rote Linsen
- 1 mehligkochende Kartoffel
- 1 Möhre
- 1 TL Gemüsebrühe (Pulver)
- Salz
- 1 große Zwiebel
- 2 Knoblauchzehen
- 1 EL Olivenöl
- 1 EL Tomatenmark
- ½ TL Chiliflocken
- ½ TL gemahlener Kreuzkümmel
- 2 TL edelsüßes Paprikapulver
- Pfeffer
- ½ Bio-Zitrone
- 100 g Joghurt (3,5 %)
- 6 Blätter frische Minze (alternativ getrocknete Minze)

Zubereitung

Linsen in einem Sieb waschen und abtropfen lassen. Kartoffel und Möhre schälen und fein würfeln. Linsen, Möhre und Kartoffel mit 900 ml Wasser, Gemüsebrühe und 1 TL Salz in einem Topf aufkochen. Anschließend auf mittlerer Hitze ca. 20 Minuten köcheln lassen. Gelegentlich umrühren.

Derweil Zwiebel und Knoblauch schälen, fein hacken und in einer Pfanne mit dem Olivenöl andünsten. Tomatenmark dazugeben und kurz mit anrösten. Nun alle Gewürze einrühren und diese Mischung der Linsensuppe hinzufügen. Mit dem Stabmixer gut pürieren und kurz aufkochen.

Die Suppe auf zwei Teller verteilen, mit Joghurt und Minze garnieren und etwas von der Zitrone darüber pressen. Dazu passt frisches Fladenbrot.

Tipp

Je nach Bedarf kann die Suppe mit heißem Wasser verdünnt werden. Aufgepasst: Hier sollte eventuell nachgewürzt werden.

Weinempfehlung

Zu diesem Gericht passt zum Beispiel ein **spritziger Grüner Veltliner** mit dezenter Restsüße. Der **Forbidden Grüner Veltliner** des Weinguts Laurenz V. aus Niederösterreich mit Aromen nach saftigen, süßen Früchten macht sich zu diesem Gericht verboten gut!

BUNTE SPÄTZLEPFANNE

15 Minuten

Für 2 Personen

- 1 ½ EL Butter
- 400 g frische Spätzle
- 1 Zwiebel
- 1 Knoblauchzehe
- 100 g braune Champignons
- 3 EL Weißwein
- 200 g Sahne
- 1 TL Gemüsebrühe (Pulver)
- 8 Kirschtomaten
- 100 g Babyspinat
- Salz und Pfeffer
- 30 g Parmesan

Zubereitung

In einer großen Pfanne 1 EL Butter erhitzen, die Spätzle ca. 3 Minuten darin anbraten und beiseitestellen.

Zwiebel und Knoblauch schälen und fein würfeln. Champignons putzen und vierteln. Die restliche Butter in der Pfanne erhitzen, Zwiebel, Knoblauch und Champignons 5 Minuten darin anbraten. Alles mit Weißwein ablöschen, kurz köcheln lassen, dann die Sahne und die Gemüsebrühe dazugeben und weitere 3 Minuten köcheln lassen.

In der Zwischenzeit den Spinat waschen und trockenschütteln, die Kirschtomaten waschen, halbieren und mit Spätzle und Spinat in die Sahnesauce geben. Alles gut vermengen, mit Salz und Pfeffer abschmecken, Parmesan auf die Spätzle reiben und direkt servieren.

Tipp

Angeröstete Pinienkerne schmecken auch zu diesem Gericht sehr gut.

Weinempfehlung

Zu diesem schwäbischen Gericht ist auch ein schwäbischer Wein die erste Wahl: Ein **Trollinger Lemberger** passt hier perfekt! Deshalb empfehle ich den **„Nashorn" Trollinger mit Lemberger Trocken** vom Weingut Aldinger.

RÄUCHERLACHS MIT GEMÜSERÖSTI & DIP

15 Minuten

Für 2 Personen

Für den Dip

- ½ Bund Schnittlauch
- 100 g Frischkäse
- 4 EL Joghurt (3,5 %)
- Salz und Pfeffer

Für die Gemüserösti

- 400 g festkochende Kartoffeln
- 3 Möhren
- 1 Schalotte
- 2 Eier (Größe M)
- 2 EL Mehl
- Salz und Pfeffer
- Frisch geriebene Muskatnuss
- Olivenöl
- 200 g Räucherlachs

Zubereitung

Schnittlauch waschen und in feine Röllchen hacken. Frischkäse mit Joghurt in einer kleinen Schüssel vermengen, Schnittlauch einrühren und mit Salz und Pfeffer würzen.

Kartoffeln und Möhren schälen, grob raspeln, in ein Küchentuch geben, zusammen drehen und gut ausdrücken, in eine Schüssel geben. Schalotte schälen, fein hacken und mit dem geraspelten Gemüse vermengen. Eier und Mehl unterrühren und mit Salz, Pfeffer und 1 großen Prise Muskatnuss würzen.

In einer großen Pfanne etwas Öl erhitzen, mit einem großen Löffel Teigportionen hineingeben und flach drücken. Von beiden Seiten knusprig braten und auf einem Küchenpapier entfetten lassen. Gemüserösti mit Frischkäsedip und Räucherlachs anrichten und servieren.

Tipp

Für eine besondere Note empfehle ich, Estragon in die Gemüserösti zu mischen.

Weinempfehlung

Zu geräuchertem Wildlachs passt klassischerweise ein **Champagner Brut** oder auch ein **sehr trockener Schaumwein**. Im Castillo Perelada, in direkter Nähe zur Costa Brava, wird hervorragender **Cava Brut Reserva** erzeugt, den ich so manchem Champagner vorziehe. Der Cava hat ein tolles Preis-Genuss-Verhältnis und ist mein Favorit zum Fischgericht.

MIGAS MIT CHORIZO, PAPRIKA & SPIEGELEI

20 Minuten

Für 2 Personen

- » 3 Brötchen vom Vortag
- » ½ TL Gemüsebrühe (Pulver)
- » 3 Knoblauchzehen
- » 5 EL Olivenöl
- » 1 Chorizo
- » 2 Spitzpaprika
- » 4 Eier (Größe M)
- » 1 TL edelsüßes Paprikapulver
- » Salz und Pfeffer

Zubereitung

Brötchen in feine Würfel schneiden und in eine Schüssel geben. Die Gemüsebrühe in 50 ml lauwarmem Wasser auflösen, zu den Brotwürfeln geben und verrühren. Knoblauch schälen und mit einem Messer andrücken. In einer großen Pfanne 3 EL Olivenöl erhitzen und den Knoblauch darin anrösten. Die Brotwürfelmasse dazugeben und unter ständigem Rühren auch diese anrösten.

Derweil die Chorizo in kleine Würfel schneiden und die Paprika putzen, waschen trockentupfen. In einer weiteren Pfanne 1 EL Olivenöl erhitzen, Chorizo und Paprika darin anbraten, bis die Paprika weich und die Chorizo knusprig sind. Beides herausnehmen und warmhalten.

Das restliche Öl in der gleichen Pfanne erhitzen und Spiegeleier darin braten. Die Brotwürfel dürften nun knusprig sein. Diese mit Paprikapulver, Salz und Pfeffer würzen und mit Chorizo, Paprika und Spiegelei servieren.

Tipp

Migas ist ein traditionelles südspanisches Gericht, das ursprünglich der Resteverwertung gedient hat. Pimieñtos de Padron (kleine grüne Paprika) sind auch ein toller Begleiter zu diesem Gericht.

Weinempfehlung

Die spanische Spezialität aus Brotkrumen mit der würzigen Chorizo-Wurst findet ihre Weinbegleitung in heimischen spanischen Gefilden – ein **Tempranillo** passt hier besonders gut. Der Einstiegswein **Club Privado** aus dem riojanischen Traditionshaus Barón de Ley bringt alles mit, um das leckere, reichhaltige Gericht zu flankieren: Schmelz, Kraft, Balance und feinste Cassis- und Holzaromen!

SCHUPFNUDELN
MIT SPITZKOHL

10 Minuten

Für 2 Personen

- » 1 kleine Zwiebel
- » ½ kleiner Spitzkohl
- » 400 g Schupfnudeln (Kühlregal)
- » 1 EL Butter
- » 2 Zweige Thymian
- » 50 ml Apfelsaft
- » 1 TL Gemüsebrühe (Pulver)
- » 80 g Gouda
- » Salz und Pfeffer

Zubereitung

Zwiebel schälen und in feine Ringe schneiden, Spitzkohl putzen und in feine Streifen schneiden. ½ EL Butter in einer großen Pfanne erhitzen und die Zwiebelringe darin andünsten. Den Spitzkohl dazugeben und kurz mit anbraten.

Thymian waschen, trocken schütteln und die Blättchen von den Stielen zupfen, zu Zwiebeln und Kohl in die Pfanne geben und mit Apfelsaft ablöschen. Gemüsebrühe in 50 ml lauwarmem Wasser auflösen, ebenso dazugeben und bei mittlerer Hitze köcheln lassen.

Derweil in einer weiteren Pfanne die restliche Butter erhitzen und die Schupfnudeln darin knusprig anbraten. Gouda reiben und zu dem Spitzkohl geben. Gut vermengen, mit Salz und Pfeffer abschmecken und mit den Schupfnudeln servieren.

Tipp

Wenn du nicht auf Fleisch verzichten möchtest, kannst du dir Hackfleisch dazu anbraten.

Weinempfehlung

Sucht man in der Region nach passenden Wine-and-Food-Pairings, wird man meistens schnell fündig. Zum herzhaft-schwäbischen Gericht kann ich einen **Rosé** aus Württemberg wie etwa den **Rosé Trocken** vom Weingut Sonnenhof mit frischen Aromen nach roten Früchten und Grapefruit und einer toll eingebundenen Säure empfehlen.

HÄHNCHEN IN SPECK
MIT REIS & APFEL

30 Minuten

Für 2 Personen

Für den Reis
- 200 g Milchreis
- 2 EL Butter
- 3 EL Orzo (Reisnudeln)
- Salz
- 1 TL Gemüsebrühe (Pulver)

Für das Hähnchen
- 2 Hähnchenbrüste (à 150 g)
- Salz und Pfeffer
- 4 Scheiben Prosciutto
- 1 Apfel (z. B. Granny Smith)
- 1 Schalotte
- 2 Knoblauchzehen
- 1 Zweig Rosmarin
- 2 Zweige Thymian
- 2 EL Butter
- 1 Schuss Weißwein

Zubereitung

Milchreis mit kaltem Wasser gut abspülen und beiseitestellen. In einem kleinen Topf 1 EL der Butter erhitzen und Orzo darin goldbraun anrösten. Den Reis dazugeben, unter Rühren kurz mitrösten und mit 400 ml lauwarmem Wasser ablöschen. 1 TL Salz und Gemüsebrühe einrühren, die restliche Butter dazugeben und mit geschlossenem Deckel bei niedriger Hitze quellen lassen.

Derweil die Hähnchenbrüste halbieren, trocken tupfen, diese mit Salz und Pfeffer würzen und mit den Prosciutto-Scheiben umwickeln. Apfel entkernen, achteln und beiseitestellen. Schalotte und Knoblauch schälen, Knoblauch mit einem Messer andrücken und Zwiebel klein würfeln. Kräuter waschen und trocken schütteln.

Butter in einer Pfanne erhitzen, Hähnchen, Zwiebel, Knoblauch, Rosmarin, Thymian und Apfel scharf darin anbraten und mit Weißwein ablöschen. Mit Salz und Pfeffer würzen. Hähnchen und Apfel in der Pfanne gar werden lassen. Die Hähnchenpfanne mit Reis servieren.

Tipp

In Butter geröstete Salbeiblätter runden das Gericht ab.

Weinempfehlung

Ein passender Begleiter zum Hähnchen im Speckmantel ist ein **cremiger Chardonnay**. Meine Empfehlung dazu ist vom Weingut Knewitz im rheinhessischen Appenheim der **Chardonnay Holzfass,** der teils im großen Holzfass und teils im kleinen Barrique ausgebaut wird. Dadurch erhält er seine zarten Röstaromen und sein großartiges „Mouth-Feeling", wie man in der Weinsprache sagt.

PFANNKUCHEN MIT SPINAT & SCHAFSKÄSE

30 Minuten

Für 2 Personen

Für die Pfannkuchen

» 100 g Mehl
» 200 ml Milch
» 50 ml kohlensäurehaltiges Mineralwasser
» 2 Eier (Größe M)
» 1 Prise Salz
» Butter zum Braten

Für die Füllung

» 50 g Pinienkerne
» 1 Zwiebel
» 1 Knoblauchzehe
» 1 EL Butter
» 250 g Babyspinat
» 250 g Frischkäse
» 50 g Parmesan
» 150 g Schafskäse
» Salz und Pfeffer

Tipp

Auch eine leckere Variante: Mit Mangold anstatt Spinat.

Zubereitung

Den Backofen auf 180 °C (Ober-/Unterhitze) vorheizen. Alle Zutaten für den Pfannkuchenteig in eine große Rührschüssel geben und mit einem Schneebesen kräftig verrühren, damit keine Mehlklümpchen entstehen.

Etwas Butter in einer Pfanne erhitzen und die Pfannkuchen nacheinander bei mittlerer Hitze von beiden Seiten darin ausbacken.

Pinienkerne in einer Pfanne ohne Öl kurz anrösten und in eine Schüssel geben. Zwiebel und Knoblauch schälen und fein würfeln. Butter in der Pfanne erhitzen, Zwiebel mit dem Knoblauch darin andünsten, herausnehmen und ebenfalls in die Schüssel füllen. Spinat waschen, trockentupfen, in die Pfanne geben und unter Rühren ca. 3 Minuten anbraten. Den Spinat aus der Pfanne nehmen, etwas Saft ausdrücken und etwas zerkleinern.

Spinat, Knoblauch, Zwiebeln, Frischkäse, Pinienkerne und Parmesan in der Schüssel vermengen und mit Salz und Pfeffer kräftig würzen. Pfannkuchen mit 3 EL der Spinat-Frischkäse-Masse füllen, einrollen und in eine ofenfeste Form geben. Käse zerbröselt über die Pfannkuchen geben und diese für ca. 10 Minuten im Ofen backen, bis der Käse knusprig braun wird.

Weinempfehlung

Dazu empfehle ich einen **trockenen Riesling** oder eine **Weißwein-Cuvée**. Meine Wahl fällt auf die **Mönch Berthold Weißwein-Cuvée Trocken** von der Weinmanufaktur Untertürkheim. Die vielschichtigen Aromen und der Schmelz des im Holzfass ausgebauten Weißweins begleiten das reichhaltige Gericht besonders gut.

BLUMENKOHLTALER
MIT GURKENSALAT

25 Minuten

Für 2 Personen

Für den Salat

- ½ Salatgurke
- ½ Bio-Zitrone
- 200 g Joghurt (3,5 %)
- 1 EL Honig
- Salz und Pfeffer
- 1 Kästchen Kresse

Für die Taler

- 400 g Blumenkohl
- 4 Eier (Größe M)
- 1 Knoblauchzehe
- 200 g Frischkäse
- 100 g Mehl
- 40 g Pecorino
- Olivenöl zum Anbraten

Zubereitung

Gurke waschen und in eine Salatschüssel raspeln. Zitronensaft zur Gurke pressen, mit Joghurt, Honig, Salz und Pfeffer vermengen und beiseitestellen.

Den Blumenkohl grob raspeln und in eine Schüssel geben. Die Eier hinzugeben, den Knoblauch schälen und hineinpressen, den Frischkäse und das Mehl zugeben. Pecorino hineinreiben und alles gut vermengen. Wenn die Masse nicht dick genug ist, etwas Mehl hinzufügen.

In einer Pfanne etwas Öl erhitzen und mit einem Esslöffel Frikadellen hineingeben, leicht andrücken und von beiden Seiten knusprig braten. Frikadellen mit dem Gurkensalat anrichten und Kresse darüberstreuen.

Tipp

Wer die Frikadellen etwas würziger mag, kann einen Bergkäse anstatt des Pecorino verwenden.

Weinempfehlung

Es muss zum Essen nicht immer ein anspruchsvoller Wein sein. Wenn es mal unkomplizierter sein darf, kann auch ein Bier passend sein, wie in diesem Falle, ein gut **gekühltes Helles**. Zu den Talern passt das **„lille Helles"** aus einer Micro-Brewery in Kiel. Mit seinen süßlich-blumigen und würzig-herben Aromen verbindet sich das Bier super mit den Zutaten des Gerichts.

HACKBÄLLCHEN IN SHERRY-SAUCE

30 Minuten

Für 2 Personen

Für den Kartoffelstampf

- 500 g mehlig kochende Kartoffeln
- 125 ml Milch
- 2 EL Butter
- ½ TL frisch geriebene Muskatnuss
- Salz und Pfeffer

Für die Hackbällchen

- 300 g Hackfleisch
- 3 EL gemahlene Mandeln
- 1 Ei (Größe M)
- 2 TL Paprikapulver
- Salz und Pfeffer
- 2 Knoblauchzehen
- ½ Bund Petersilie
- 1 Bio-Zitrone
- Olivenöl zum Braten

Für die Sauce

- 1 große Zwiebel
- 1 TL Paprikapulver
- 100 ml trockener Sherry
- 1 TL Geflügelbrühe (Pulver)
- 1 EL Butter
- 1 EL Mehl

Zubereitung

Kartoffeln schälen, waschen, in 1cm kleine Würfel schneiden und 20 Minuten in Salzwasser kochen. Derweil Hackfleisch, Mandeln, Ei, Paprika, 1 TL Salz und Pfeffer in eine große Schüssel geben, den Knoblauch schälen und hineinpressen. Die Petersilie waschen, trockenschütteln, hacken und ebenso hinzufügen. Die Zitrone heiß waschen und die Schale hineinreiben. Das Ganze gut vermengen.

Aus der Hackfleischmasse walnussgroße Fleischbällchen formen und in einer großen Pfanne mit etwas Olivenöl rundum etwa 3 Minuten anbraten. Aus dem Topf nehmen und auf Küchenpapier abtropfen lassen.

Für die Sauce Zwiebel schälen, klein würfeln und im gleichen Öl andünsten. Paprika hinzufügen und mit Sherry ablöschen. Geflügelbrühe und 150 ml lauwarmes Wasser dazugeben. Zugedeckt bei schwacher Hitze köcheln lassen.

Währenddessen die Kartoffeln abgießen und wieder zurück in den Topf geben. Milch, Butter, Muskatnuss, Salz und Pfeffer hinzufügen und mit einem Kartoffelstampfer zerstampfen. Beiseitestellen und warm halten.

In einem kleinen Topf die Butter schmelzen, Mehl einrühren und 1 EL der Fleischsauce dazugeben. Diese Mehlschwitze zu den Fleischbällchen in der Sauce geben, nochmal aufkochen, damit die Sauce andicken kann. Mit Kartoffelstampf servieren.

Weinempfehlung

Das andalusisch-anmutende Gericht wird am besten von einem hochwertigen **trockenen Sherry** begleitet. Sehr zu empfehlen ist der **La Guita Manzanilla Sherry** von Hijos de Rainera Pérez Marín, ein echter Klassiker. Der leichte Sherry ist mit frischem Duft nach Äpfeln und Kräutern, feinen salzigen und nussigen Noten im Geschmack ein traumhafter Begleiter – nicht nur zu diesem Gericht!

RINDERFILET MIT WIRSING & KRATZETE

30 Minuten

Für 2 Personen

Für die Kratzete

» 4 Eier (Größe M)
» Salz
» 250 g Mehl
» 300 ml Milch
» Sonnenblumenöl

Für den Wirsing

» 1 Schalotte
» 1 EL Olivenöl
» 50 g Speckwürfel
» ½ kleiner Wirsing
» 1 TL Gemüsebrühe (Pulver)
» Salz und Pfeffer

Für das Rinderfilet

» 2 Rinderfilets (ca. 2 cm dicke Scheiben, à 150 g)
» Salz und Pfeffer
» 1 Knoblauchzehe
» 1 ½ EL Butterschmalz
» 1 Zweig Rosmarin

Zubereitung

Backofen auf 180 °C (Ober-/Unterhitze) vorheizen. Rinderfilet aus dem Kühlschrank nehmen. Die Eier trennen, Eiweiß mit 1 Prise steif schlagen. Mehl mit Eigelben, Milch und 1 Prise Salz zu einem glatten Teig verrühren und den Eischnee vorsichtig unterheben. Öl in einer großen Pfanne erhitzen und den Teig hineingeben. Den Pfannkuchen von beiden Seiten goldbraun ausbacken und kurz vor Ende der Bratzeit mit dem Pfannenwender in 2–3 cm große Stücke reißen. Auf einen ofenfesten Teller geben und im Backofen weitere 10 Minuten backen.

Währenddessen die Schalotte schälen und in kleine Würfel schneiden. Olivenöl in der Pfanne erhitzen und Schalotte darin andünsten. Speckwürfel dazugeben und kurz mit anrösten. Wirsing waschen, in mundgerechte Streifen schneiden und mit in die Pfanne geben. Alles weitere 2 Minuten anbraten. Gemüsebrühe und 200 ml lauwarmes Wasser zum Wirsing geben. 5 Minuten bei mittlerer Hitze köcheln lassen, bis der Wirsing gar, aber noch bissfest ist. Mit Salz und Pfeffer würzen.

Inzwischen die Rinderfilets mit Salz und Pfeffer würzen. Knoblauch schälen und mit dem Messer andrücken. Butter in der Pfanne erhitzen und Filets, Knoblauch und Rosmarin hinzugeben. Bei starker Hitze 1 Minute von jeder Seite scharf anbraten, Hitze reduzieren und ca. 2 Minuten von beiden Seiten weiter braten, dabei immer wieder das Bratfett über die Filets geben. Filets auf einem Brett kurz ruhen lassen und in 1 cm dicke Scheiben schneiden. Mit Wirsing und Kratzete anrichten.

Weinempfehlung

Zum Rindersteak passt klassischerweise **kräftiger Rotwein aus dem Holzfass**, deshalb greifen Sommeliers hier gerne auf Bordeaux-Weine zurück. Gute Weine aus der prestigeträchtigen Gegend müssen nicht teuer sein. Zwischen 10 und 12 Euro kostet der **Côtes de Francs rouge** vom Château Clos Fontaine – ein weicher, beeriger, frischer Bordeaux, der viel Trinkspaß zum Essen bereitet!

S'MORES SANDWICH
MIT HIMBEEREN

10 Minuten

Für 2 Personen

- 125 g Himbeeren
- 8 Scheiben Toastbrot
- 4 EL Nuss-Nougatcreme
- 50 g Mini-Marshmallows
- 1 EL Butter

Zubereitung

Himbeeren waschen, verlesen und trockentupfen. 4 Toastbrotscheiben mit je 1 EL Nougatcreme bestreichen, die Himbeeren und Marshmallows darauf verteilen und mit den restlichen Scheiben belegen.

Butter in einer großen Pfanne erhitzen und die belegten Toastbrote darin von beiden Seiten goldbraun rösten. Beim Braten etwas andrücken, dass sie besser zusammenhalten.

Tipp

Für die True American Experience mit Erdnussbutter verfeinern.

Weinempfehlung

In den USA werden Marshmallows gerne mit süßer, heißer Schokolade getrunken. Aber man kann zu den S'mores auch mit Weinen experimentieren: Ein lieblicher, duftiger **Gewürztraminer, Spätlese Selektion,** wie die **Spätlese** vom pfälzischen KSK Weingut Meßmer, ergibt in Kombination mit dem S'more ein herrlich süßes und aromatisches Geschmackserlebnis.

REGISTER
ALPHABETISCH

REGISTER
NACH ZEIT

10 Minuten

15 Minuten

20 Minuten

25 Minuten

30 Minuten

ÜBER DIE AUTORIN

Barbara Dahl
Aufgewachsen bin ich im schönen Schwabenland. Die Liebe zum guten Essen habe ich von meiner spanischen Mutter in die Wiege gelegt bekommen, die geduldig und voller Kreativität fünf anspruchsvolle Kinder mit Köstlichkeiten versorgt hat. Zum Beruf habe ich mir meine zweite Leidenschaft, die Mode gemacht. Nach meiner Ausbildung arbeitete ich ein paar Jahre in Barcelona und Shanghai als Modedesignerin. Mit vielen kulinarischen Eindrücken beider Länder im Gepäck ging es zurück in die Heimat, wo ich mir meinen Traum der Selbstständigkeit erfüllen konnte: die Verbindung meiner beiden Leidenschaften – Fashion & Food. In meinem Mode-Café wurde gekocht, gebacken, designt und genäht. Nach meinem Umzug nach Karlsruhe habe ich mich einem neuen Herzensprojekt gewidmet und mein eigenes Kochbuch geschrieben.

Danksagung
Danke an meine beste Freundin Antonella, der ich das Buch widme. Sie steht mir immer mit ihren wunderbaren Ideen und ihrer unendlichen Geduld zur Seite. Ich danke meinem Papa, der die Idee hatte, das Buch zu veröffentlichen und mir bei all meinen Ideen mit Rat und Tat zur Seite steht und mithilft, wo er nur kann. Ich danke meiner Mama, die mir die Leidenschaft zum Kochen in die Wiege gelegt und mir die spanische Küche nähergebracht hat. Danke an meinen Partner Nubar, der alle Speisen nach dem Fotografieren testen und für gut befinden „musste“. Danke an meine Geschwister: Pablo für die Weinexpertise und das Korrekturlesen. Tina für den Kreativ-Input zu jeder Tages- und Nachtzeit. Mario und Marco für Unterstützung in der digitalen Bearbeitung. Danke an Juli und Nico für die Weinauswahl und die Verkostung. Danke an Mali und Johanna für die Porträtbilder. Danke auch an meine liebe Tante Nene, an Anna, Eva, Marcel, Sabrine, Mirka, Fabi und Kaddi. Danke vor allem an meine Lektorinnen Katharina und Lena, die mir viel Verständnis entgegengebracht und mich so wunderbar durch die Zeit geführt haben.

Besuch mich doch auch bei Instagram:
@ barbie_kocht

ÜBER
DIE WEINEXPERTEN

Pablo Dahl

Schon seit meiner Jugend haben mich die Weinkultur und all ihre Geschichten und Mythen fasziniert. Nach meinem Zivildienst machte ich mich auf, um das Winzerhandwerk auf Weingütern in Württemberg und Franken zu erlernen. Anschließend folgte ein Studium der Weinbetriebswirtschaft in Heilbronn und berufliche Tätigkeiten im PR- und Marketingbereich für Weingüter, -händler und -organisationen. Obwohl ich heute nicht mehr in der Weinbranche tätig bin, widme ich mich dem Thema Wein noch immer mit Leidenschaft.

Lieblingswein: Weingut Wirsching Iphöfer Julius-Echter-Berg Silvaner Erste Lage

Nicolas Sigloch

Bereits im Kindesalter entdeckte ich meine Leidenschaft zu Wein. Fasziniert von der Vielfalt an Flaschenformen und Etiketten der teils antiquarischen Schätze meines Großvaters half ich regelmäßig bei den Bestandsaufnahmen. Diese Erlebnisse prägten mich nachhaltig, sodass ich mich für das Studium der Weinbetriebswirtschaft entschied. Nach Jahren in der Weinbranche wurde im Corona-Jahr 2020 ein lang gehegter Traum wahr: Das Sitt Wein – ein innovatives Weinkonzept, das Bar und Handel kombiniert und in dem über 100 offene Weine aus aller Welt verkostet und genossen werden können.

Lieblingswein: Hofberg Kabinett – A. J. Adam

Julian Dahms

Passion and Profession – so würde ich mein Verhältnis zum Wein zusammenfassen. Nach meinem Studium der Weinbetriebswirtschaft war für mich klar, dass ich möglichst nahe an diesem unglaublich vielseitigen Produkt arbeiten möchte. Heute bin ich als Key-Account-Manager bei Mack&Schühle AG tätig.

Lieblingswein: Fructus Riesling vom Weingut Barth im Rheingau

IMPRESSUM

Bibliografische Information der Deutschen Bibliothek.

Die Deutsche Bibliothek verzeichnet diese Publikation in der Deutschen Nationalbibliografie.

Detaillierte bibliografische Daten sind im Internet über http://www.dnb.de/ abrufbar.

EIN BUCH DER EDITION MICHAEL FISCHER

1. Auflage 2021

Covergestaltung: Silvia Keller
Redaktion und Lektorat: Lena Buch
Layout und Satz: Nathalie Hochholzer

ISBN 978-3-7459-0397-3

Gedruckt bei Polygraf Print, Čapajevova 44, 08001 Prešov, Slowakei

www.emf-verlag.de